O que é
ENSINO COLABORATIVO?

SIGLAS

AEE – Atendimento Educacional Especializado
DUA – Desenho Universal para Aprendizagem
GP-FOREESP – Grupo de Pesquisa Formação de Recursos Humanos em Educação Especial
LDBEN – Lei de Diretrizes e Bases da Educação Nacional
LIBRAS – Língua Brasileira de Sinais
PAEE – Público-Alvo da Educação Especial
PNEE-EI - Política Nacional de Educação Especial na perspectiva da Educação Inclusiva
PEI – Plano Educacional Individualizado
SRM – Sala de Recursos Multifuncionais

Vera Lúcia M. Fialho Capellini & Ana Paula Zerbato

O que é ENSINO COLABORATIVO?

EDICON

CIP-BRASIL. CATALOGAÇÃO NA PUBLICAÇÃO
SINDICATO NACIONAL DOS EDITORES DE LIVROS, RJ

C241q
2. ed.

Capellini, Vera L. Messias Fialho
O que é ensino colaborativo? / Vera L. Messias Fialho Capellini, Ana Paula Zerbato. - 2. ed. - São Paulo : Edicon, 2022.
96 p. ; 23 cm.

Inclui bibliografia
ISBN 9786559340378

1. Inclusão escolar. 2. Educação especial. 3. Trabalho de grupo na educação. 4. Prática de ensino. I. Zerbato, Ana Paula. II. Título.

22-77170 CDD: 371.9
CDU: 376

Meri Gleice Rodrigues de Souza - Bibliotecária - CRB-7/6439
11/04/2022 13/04/2022

Ilustrações: mbonapaulo2015@gmail.com

Contato com as autoras
apzerbato@gmail.com

vlmfcapellini@gmail.com

EDICON
Editora e Consultoria Ltda
11-3255-1002 3255-9822
www.edicon.com.br
Rua Herculano de Freitas, 181 SP- SP 01308-020

SUMÁRIO

PREFÁCIO

A organização de serviços de educação especial, no sistema público brasileiro de ensino, teve sua impulsão a partir da década de 70, com a implementação das classes especiais nas escolas estaduais e, em menor escala, com a implantação de algumas poucas salas de recursos, na época, destinadas quase que exclusivamente para estudantes com deficiências sensoriais. Entretanto, a despeito de alguma organização de serviços de ensino especial, grande parte das matrículas sempre esteve concentrada nas instituições privadas filantrópicas, embora a maioria dos alunos do Público-Alvo da Educação Especial permanecesse fora de qualquer tipo de escola.

A partir da década de 70, tanto no Brasil quanto no mundo todo, começaram a se fortalecer os questionamentos sobre o que diferenciava os espaços de escolarização comuns dos especializados e cresceu a ênfase, para que os estudantes da educação especial tivessem ampliado o acesso à classe comum. A partir daí houve uma mudança no foco, que antes era sobre o aluno do Público-Alvo da Educação Especial, e que passou a ser para o programa e para a escola, dando origem ao movimento de inclusão escolar, entendido como uma busca para criar escolas que atendam às necessidades de todos os alunos, onde estudantes com necessidades educacionais comuns ou específicas são educados juntos em classes comuns, em agrupamentos compatíveis em idade, nas escolas de sua própria vizinhança.

Em 1997 criamos o Grupo de Pesquisa sobre Formação de Recursos Humanos na UFSCar, GP-FOREESP para integrar as atividades de ensino, pesquisa e extensão; de alguns docentes alunos de graduação e da Pós-Graduação em Educação Especial da UFSCar. O contexto inicial dos nossos primeiros estudos sobre inclusão, no final da década de 1990 e início dos anos 2000, era caracterizado pelo escasso acesso à escola da população de alunos com deficiências. Os poucos alunos com deficiências que vinham tendo acesso a algum tipo de escola (especial ou comum) não estavam necessariamente recebendo uma educação apropriada, fosse por falta de profissionais qualificados, ou mesmo, pela falta generalizada de recursos.

Além da predominância de serviços que envolviam, desnecessariamente, a segregação escolar, havia evidências que indicavam um descaso do poder público; uma tendência de privatização (considerando que a maioria das matrículas estava concentrada na rede privada e, mais especificamente, em instituições filantrópicas), e uma lenta evolução no crescimento da oferta de matrículas, em comparação com a demanda existente. Entretanto, tentando sair da linha de investigação, prosseguimos na missão de investigar com metas propositivas, a fim de tentar sair da denúncia e da crítica sobre a política de inclusão escolar, sem contribuir para construir a inclusão em nosso país.

Logo no início dos anos 2000 percebemos que a perspectiva da educação inclusiva estava transformando o panorama, em direção ao crescimento da colaboração nas escolas, de tal forma que o conceito de colaboração vinha sendo considerado chave, para atender às complexas metas escolares e para construir uma comunidade, enquanto resposta para as muitas pressões dos sistemas de educação contemporâneas. Assim, no tocante às metas da inclusão escolar, especialistas, professores de educação especial e da educação comum devem aprender a trabalhar juntos, para assegurar que todos os estudantes alcancem melhores desempenhos e, neste contexto, colaboração tem se tornado uma necessidade.

Assim, considerando que a literatura científica de países mais experientes em práticas de inclusão escolar vinha apontando o trabalho colaborativo, no contexto escolar, como uma estratégia em ascensão, tanto para solucionar problemas relacionados ao processo de ensino aprendizagem de alunos do Público-Alvo da Educação Especial quanto para promover o desenvolvimento pessoal e profissional dos educadores, começamos a nos dedicar a esta temática a fim de avaliar suas possibilidades dentro da realidade das escolas brasileiras.

Essa obra é fruto das pesquisas de mestrado e doutorado das duas autoras, que foram produzidas no âmbito do GP-FOREESP, e que eu tive o prazer de orientar. Ao proporem esse livro as autoras estão maximizando a possibilidade de divulgação de importantes conhecimentos que estão disponíveis na literatura científica, mas que precisam ser traduzidos para a linguagem dos professores para que eles também tenham a oportunidade de conhecer e melhorar suas práticas pedagógicas, tornando-as mais inclusivas.

Em minha opinião, o ensino colaborativo, ou coensino, deveria ser na atualidade adotado como política pública, no sentido de ser a forma prioritária de prestação de serviços de apoio aos estudantes do público-alvo que estão sendo escolarizados em classe comum. Eu espero que muitos professores conheçam essa proposta e que esse livro tenha o sucesso que merece, porque ele traz o que há de maior avanço na literatura sobre inclusão escolar na atualidade.

Profª Dra. Enicéia Gonçalves Mendes
Profª Titular da Universidade Federal de São Carlos

APRESENTAÇÃO

Após séculos de exclusão e de luta, o percurso da história da Educação Especial no Brasil, principalmente durante os séculos XX e XXI, aponta avanços importantes, em relação às conquistas dos direitos de escolarização dos estudantes Público-Alvo da Educação Especial[1] (PAEE). Entretanto, verifica-se que a atual Política Nacional de Educação Especial na perspectiva da Educação Inclusiva - PNEE-EI - (BRASIL, 2008) oferece orientações, mais especificamente, sobre o Atendimento Educacional Especializado (AEE) em Salas de Recursos Multifuncionais (SRM), priorizando-o, enquanto único modelo de serviço de atendimento às suas especificidades.

Muitos documentos normativos brasileiros (BRASIL, 1988; 2001; 2008; 2011; 2015), referentes à escolarização dos alunos PAEE, na perspectiva da Educação Inclusiva, apontam o AEE como um serviço de apoio que deve atender as especificidades desses estudantes e contribuir com o ensino comum, por exemplo, por meio do ensino da Língua Brasileira de Sinais (LIBRAS), do código Braille, do treino do uso de recursos de informática, entre outros (BRASIL, 2011). Estes conhecimentos complementares ou suplementares são importantes, precisam ser ensinados no contraturno da sala de aula comum e devem estar articulados com os conhecimentos da turma da qual o aluno faz parte, garantindo-lhe o acesso ao currículo e o aprendizado em sala de aula.

Mas para garantir a permanência do aluno na escola, o acesso ao currículo escolar e o sucesso em sua aprendizagem é neces-

---

[1]Termo Público-Alvo da Educação Especial (PAEE) se refere aos alunos definidos pela legislação nacional (BRASIL, 2008) que têm a garantia do Atendimento Educacional Especializado e são: alunos com deficiência (física, intelectual ou sensorial), alunos com transtornos globais do desenvolvimento e alunos com altas habilidades/superdotação.

sário um trabalho efetivo de práticas inclusivas, a serem realizadas dentro da sala de aula de ensino comum, por toda a equipe escolar, e isso só se consegue através de um trabalho de parceria e colaboração. Apesar de mencionada em alguns documentos oficiais a importância de uma atuação colaborativa entre profissionais especializados e outros serviços de apoio (BRASIL, 2008, 2015), não há clareza de como deve ser construída tal parceria, nem como outros serviços de apoio poderiam contribuir com a inclusão escolar.

Dessa forma, surgem alguns questionamentos: a oferta de um modelo único de serviço de apoio conseguiria suprir as demandas educacionais de todos os alunos do Público-Alvo da Educação Especial? A promoção de um aprendizado efetivo, que garanta a participação de todos os alunos, não depende de um trabalho colaborativo entre os profissionais envolvidos nesse processo?

Estudos vêm apontando (MILANESI, 2012; MALHEIRO, 2013; ANJOS; CAMPELO, 2013; VILARONGA, 2014; REGANHAN, 2016) que a oferta de um modelo único de serviço de apoio – no caso brasileiro, referimo-nos ao AEE em SRM – não tem contribuído com a aprendizagem dos alunos PAEE no contexto das classes de ensino comum. Assim, considerando a importância e a necessidade da produção de um material que discutisse profundamente modelos alternativos eficazes para a efetivação dos princípios inclusivos, o presente guia foi criado para dialogar com grupos de professores e profissionais especializados que buscam novas possibilidades de atuação no contexto escolar e que encaram o difícil desafio diário de tornar o ambiente educativo inclusivo.

Ainda pouco conhecido e implementado de maneira pontual em apenas alguns sistemas educacionais no Brasil, o Ensino Colaborativo vem sendo apontado como promissor para escolarização das pessoas PAEE. Neste guia, destinado aos profissionais e aos pesquisadores do campo da Educação, Educação Especial, Saúde e áreas afins, são apresentadas as definições conceituais do Ensino Colaborativo, o modo de implementá-lo, suas características, requisitos, dificuldades e obstáculos para sua concretização.

O presente material de implementação do Ensino Colaborativo está dividido em cinco capítulos. O primeiro aborda as fundamentações teóricas e introdutórias, relacionadas à Educação Especial na perspectiva da Educação Inclusiva, como se apresenta o cenário escolar brasileiro atualmente e o que as políticas dizem sobre a escolarização dos alunos PAEE. O segundo capítulo trata especificamente das questões conceituais do Ensino Colaborativo, suas características e como implementá-lo. O terceiro capítulo apresenta os diferentes modelos práticos do Ensino Colaborativo e como esses podem ser realizados em sala de aula, como também descreve os elementos e aspectos necessários para sua concretização na escola comum. O capítulo quatro traz reflexões sobre a escola inclusiva e sobre como o Ensino Colaborativo pode contribuir para a escolarização dos estudantes PAEE, apontando as responsabilidades de cada profissional para o desenvolvimento do currículo escolar e o papel da gestão escolar para a sua efetivação. O quinto capítulo apresenta experiências práticas de sucesso e pesquisas realizadas no Brasil sobre o Ensino Colaborativo. Nas considerações finais, são apresentados alguns questionamentos e reflexões acerca da implementação do Ensino Colaborativo, incentivando você, professor, e sua equipe a se arriscarem em novas práticas para transformação de sua escola que pretende se tornar inclusiva. Por fim, trazemos alguns dos questionamentos mais comuns realizados por professores e equipe escolar quando se opta pelo trabalho em colaboração e se inicia sua implementação. Boa leitura e mãos à obra!

Capítulo 1

VAMOS FALAR DE EDUCAÇÃO ESPECIAL NA PERSPECTIVA DA EDUCAÇÃO INCLUSIVA: INTRODUZINDO NOSSA CONVERSA

Quando ouvimos falar de Educação Especial, termos como Educação Inclusiva, Inclusão Escolar e Escola Inclusiva são associados e, às vezes, até utilizados enquanto sinônimos. Como nesse livro discutimos a escolarização de estudantes Público-Alvo da Educação Especial (PAEE), em escolas de ensino comum e abrangemos um serviço de apoio especializado para o sucesso dessa escolarização, é importante esclarecer, já no início deste capítulo,

as diferenças e as relações entre esses termos para não nos equivocarmos ao colocá-los em prática ou utilizá-los para fundamentar uma ação.

Quando falamos em Educação Inclusiva nos referimos ao direito à educação para estudantes pertencentes às minorias sociais (povos indígenas, negros, estrangeiros, pessoas com deficiência, entre outros) que, por diversos motivos – históricos, sociais, políticos e culturais – não estavam, anteriormente, presentes nas classes comuns das escolas regulares. A luta por esse direito, fortalecida a partir do início da década de 90, por meio de documentos internacionais, como a Declaração Mundial de Educação para Todos (BRASIL, 1990), conseguiu, em muitos países, inclusive no Brasil, que o objetivo de garantir educação a todos fosse, ao menos em parte, cumprido, ainda que haja muito a ser realizado, quando se pensa em implementação de políticas públicas que visam à concretização de ações, para que as escolas se tornem, de fato, inclusivas.

A Educação Especial, portanto, refere-se especificamente aos estudantes com deficiência, transtornos globais do desenvolvimento e altas habilidades/superdotação. Para efeitos legais, trata-se de uma modalidade de educação escolar oferecida, preferencialmente, na rede de ensino comum de escolas regulares (BRASIL, 1996). Ainda de acordo com a Lei de Diretrizes e Bases da Educação Nacional (LDBEN), quando necessário, haverá "serviços de apoio especializado [...] para atender às peculiaridades da clientela de Educação Especial" (BRASIL, 1996, p. 41).

Assim, entendemos que a Educação Especial na perspectiva da Educação Inclusiva e embasada por diferentes documentos legais (BRASIL, 1988; 1990; 2001; 2008; 2015) visa à garantia de meios para o acesso, permanência e êxito dos estudantes PAEE, por meio da inclusão escolar desses estudantes nas escolas de ensino comum que cotidianamente buscam tornarem-se inclusivas.

No presente guia, apresentamos o Ensino Colaborativo como uma nova possibilidade de trabalho para a efetivação da escolarização e aprendizado dos estudantes PAEE, com o intuito de somá-lo aos serviços de atendimento educacionais especializados já existentes. Por isso, priorizamos aqui o termo inclusão escolar, quando nos referirmos à escolarização dos estudantes PAEE.

A educação escolar deve propiciar uma formação crítica que também permita ao indivíduo, com ou sem deficiência, se relacionar e interagir com a sociedade em que vive, propiciando sua autonomia. Há muitos benefícios na formação individual dos estudantes, quando a escola não segrega os alunos por suas ditas incapacidades (nem sempre reais de fato) de aprender ou conviver. Ao contrário, esses estudantes, juntos, podem aprender muito mais, cada um com suas especificidades.

Após a aprovação da Política Nacional de Educação Especial na Perspectiva da Educação Inclusiva, em 2008, confirma-se, pelos dados oficiais do país, um aumento significativo e progressivo de estudantes PAEE matriculados em escolas de ensino comum.

Estudantes que antes não frequentavam a classe comum, ou que frequentavam somente escolas e/ou classes especiais, começaram a ser recebidos em escolas regulares, gerando mais discussões em relação às estratégias e práticas possíveis para garantia da participação e do aprendizado de todos.

Há mais possibilidade de desenvolvimento quando os indivíduos podem ter uma diversidade de modelos, do que quando convivem somente com seus iguais, sendo o ambiente escolar o espaço privilegiado para contribuir com tal desenvolvimento. Imagine estudantes com dificuldades em aprender conceitos matemáticos, convivendo somente com outros que também não desenvolveram esse aprendizado, ou estudantes com dificuldade em se expressar, convivendo apenas com outros estudantes que apresentam características semelhantes. Quais são os estímulos que eles podem ter para desenvolver novas habilidades? Que desafios de aprendizagem lhe são apresentados em um grupo que oferece somente as mesmas características?

Além disso, há de se considerar ainda, a existência de fortes pressões a favor de que estudantes com deficiência estudem em instituições especializadas, e não em uma sala de aula comum. Crochík (2012) explica que, em outros tempos, o PAEE era dirigido predominantemente às instituições ou às classes especiais, sendo esses alunos considerados, em geral, com problemas de saúde e não propriamente de aprendizagem. Dessa forma, formou-se uma estrutura sólida, ao redor dessas instituições, envolvendo quadros de profissionais especializados e recursos governamentais – muitos recursos – que, aliás, poderiam ser destinados às escolas comuns, essas, sim, responsáveis pela educação de todos os estudantes.

Enquanto estratégia de implementação e de investimento em políticas públicas inclusivas, não se pensou, ou pouco se pensa, na possibilidade de concretização de uma parceria sólida entre as instituições especializadas e a escola comum, a fim de que o trabalho dos profissionais especializados fosse somado ao dos profissionais da educação comum, visando um trabalho colaborativo e a escolarização dos alunos PAEE. Ao contrário, o que acontece e vivenciamos no cotidiano, é que as escolas comuns e especiais disputam a matrícula do estudante PAEE, dado que envolve recurso financeiro, e a discussão primordial de como estes estudantes estão aprendendo e os caminhos que deveriam ser tomados para o aprendizado e participação de todos ficam em segundo plano.

A resistência à inclusão escolar de estudantes PAEE também esbarra nas condições de trabalho nada atrativas oferecidas aos profissionais da educação, pois as propostas da Educação Inclusiva preveem modificações substanciais na arquitetura da escola, nos métodos de ensinar e avaliar, na reorganização do currículo e na elaboração de um planejamento que atenda às demandas da diversidade. E quando essa responsabilidade recai somente sobre os professores do ensino comum é natural que surja a resistência e, consequentemente, o risco de estudantes PAEE ficarem à mercê da tal "socialização é maior".

E por falar em socialização, sabemos que ela tem um papel importante na formação de todos os indivíduos. É evidente que os estudantes PAEE não estão na escola comum apenas para socializar com seus pares, e esse nem deve ser o único espaço de socialização desta população-alvo. Entretanto, ainda que ela não possibilite a inclusão escolar de fato – afinal, se o estudante PAEE estivesse na escola apenas para socializar, o mesmo poderia fazê-lo em outros ambientes – a interação com grupos heterogêneos é fundamental para a construção de um ambiente de convívio com a diferença e de respeito às especificidades individuais, principalmente pelo fato de muitos estudantes PAEE terem estudado apenas em instituições especializadas, ou sequer frequentarem um ambiente escolar, em convívio com outras pessoas fora do núcleo familiar.

Além disso, o fato desses estudantes agora estarem matriculados em escolas comuns leva a equipe de profissionais a pensar na reestruturação - física, pedagógica, atitudinal - da escola regular, para atendimento das diferentes demandas presentes. Por exemplo: uma escola que nunca teve matriculado um estudante com deficiência física pode não pensar na importância da acessibilidade arquitetônica do seu prédio; uma escola que nunca teve matriculado um estudante surdo pode não pensar na importância da comunicação em Língua Brasileira de Sinais (Libras), ou em práticas pedagógicas que priorizem o canal visual para aprender. A presença de um estudante PAEE, numa escola comum, pode gerar um movimento importante para a construção da inclusão escolar: pode induzir professores e profissionais da educação a repensarem suas práticas pedagógicas e contribuir para que outros estudantes sem deficiência, que antes não aprendiam, comecem a aprender. Também pode levar a gestão escolar a investir em estratégias para reelaboração da sua estrutura e de sua organização para melhor atendimento desses estudantes e, consequentemente, melhorando a escola para todos.

Assim, a proposta da inclusão escolar, na perspectiva da Educação Inclusiva, implica o reconhecimento das diferenças e as adequadas condições, para que essas não sejam obstáculo à formação: o sistema de comunicação Braille pode ser importante especificamente para aqueles com deficiência visual; a confecção de um material concreto para ensinar matemática a um estudante cego pode beneficiar a aprendizagem de todos em sala de aula; a utilização de recursos imagéticos pode ser importante para estudantes com deficiência auditiva, mas também pode facilitar o aprendizado de estudantes com alguma deficiência intelectual e de outros estudantes sem deficiência. Uma escola inclusiva, portanto, deve pensar em recursos e metodologias variadas e acessíveis para o cumprimento dos objetivos escolares e o êxito na formação de cada estudante.

1.1 Mas, qual o melhor caminho para ensinar turmas heterogêneas?

Durante nossa trajetória prática e acadêmica nos deparamos com o esforço constante dos profissionais da educação em prover, no seu planejamento e em sua organização do ensino, a implementação de práticas em prol da inclusão escolar de alunos PAEE. O anseio por práticas pedagógicas eficazes parece ser uma interminável busca dos professores que se deparam com turmas em que estudantes do PAEE estão inseridos.

Muitas vezes não divulgadas, ou sem o devido estímulo para compartilhar suas experiências, estratégias e práticas de ensino exitosas na escolarização de estudantes PAEE ficam escondidas nas salas de aula e acabam como vivências isoladas de alguns professores da rede de ensino comum. Ao longo de estudos realizados entre 2014 e 2018 (ZERBATO, 2014; 2018) identificamos diversas tentativas de implementação dessas práticas de ensino, algumas exitosas, outras não, realizadas por professores de escolas regulares.

Essas práticas identificadas são organizadas, neste capítulo, em três diferentes categorias que denominaremos de: a) atividades adaptadas; b) atividades paralelas, e c) atividades acessíveis.

a) Atividades adaptadas

As atividades adaptadas, observadas em escolas de ensino comum, são práticas realizadas de acordo com o conteúdo trabalhado em sala de aula. Por meio do trabalho de colaboração entre o professor de Educação Especial (quando a figura desse profissional é presente) e o do ensino comum, os profissionais buscam elaborar atividades adaptadas de acordo com as potencialidades e especificidades dos estudantes. É importante frisar que essas atividades tratam do mesmo assunto, ou conteúdo, que está sendo trabalhado com os demais.

A ideia tradicional de que todo conteúdo ensinado e aprendido deve ser registrado de uma única forma, por meio da escrita formal no caderno – o famoso lápis e papel – precisa ser desconstruída e, por outro lado, é necessário mostrar aos profissionais da educação que um desenho, a oralidade, o recorte de uma figura, a interpretação de um assunto ou a escrita no computador, podem e devem ser considerados registros do aprendizado do estudante, sobre o mesmo assunto trabalhado em sala de aula. Além disso, essas práticas podem ser utilizadas para avaliar o conteúdo aprendido. Por exemplo, uma criança com paralisia cerebral, que apresenta dificuldades motoras e não escreve convencionalmente com lápis, necessita de um material adaptado, para que possa realizar as mesmas atividades dos demais alunos, por meio de letras móveis, colagem, figuras ou computador. A adaptação que, nesse caso, chamamos de curricular, vai depender da avaliação da equipe sobre quais meios potencializarão as capacidades do estudante em ter acesso e aprender determinado assunto.

Nem sempre a adaptação curricular vai interferir no currículo a ser ensinado para a turma. Essas acomodações podem ser realizadas em diferentes níveis, com menor ou maior afastamento do currículo comum, com a possibilidade da elaboração de um currículo alternativo, nesse último caso. As tomadas de decisões pedagógicas, porém devem ser realizadas em conjunto, pela equipe escolar, com a garantia de estarem incluídas no planejamento educacional individualizado do estudante PAEE.

Quando as estratégias de adaptação estão relacionadas à organização e à disposição do espaço, às estratégias e às atividades, aos recursos educativos utilizados ou à organização do tempo, chamamos de adaptações de menor afastamento do currículo comum. Quando as estratégias necessitam de modificação dos objetivos e conteúdos a serem ensinados para o estudante PAEE, denominamos de adaptações de maior afastamento do currículo. Essas estratégias vão depender das especificidades de cada estudante e devem ser constantemente reavaliadas.

O relato abaixo, retirado da pesquisa de Zerbato (2014, p. 91), é um exemplo que mostra a possibilidade de participação de um estudante PAEE, quando ambos os professores – o do ensino comum e o do especial – adaptam suas estratégias de maneira a não se distanciarem do currículo comum da turma, para o ensino de um conteúdo, em uma aula de Língua Portuguesa:

> [...] eu jamais imaginaria o meu aluno PAEE produzindo um soneto. Eu trabalhei figuras de linguagem e a turma tinha que produzir um soneto utilizando as figuras de linguagem solicitadas. Apesar dos alunos PAEE não conhecerem as figuras de linguagem, me emocionou muito o fato de eles conseguirem produzir o soneto e expressar o sentimento sobre algo que eles estavam sentindo. Outra atividade foi a participação deles no seminário junto com a turma, então foi muito produtivo, os alunos especiais se sentiram muito bem por se sentirem incluídos e passaram o dia todo falando, mostrando os trabalhos, muito felizes mesmo, mostrando no intervalo, para escola toda, eles queriam mostrar para todo mundo e durante a apresentação também me emocionou, durante a apresentação do

> seminário eu também fiquei muito emocionada de vê-los participando (Professora de Língua Portuguesa do Ensino Fundamental II de uma escola da rede comum de ensino).

Esse exemplo mostra que não houve necessidade de substituição ou simplificação da atividade. A adaptação realizada na prática foi a estratégia de registro utilizada pelo estudante, porém o conteúdo e a atividade foram os mesmos apresentados aos demais estudantes da turma. A forma de apresentar o conteúdo ao estudante e o modo como ele expressou o seu aprendizado é que foram diferentes.

Nos Parâmetros Curriculares Nacionais sobre Adaptações Curriculares e estratégias para a educação de alunos PAEE (BRASIL, 1998) as adaptações curriculares são definidas como:

> [...] estratégias e critérios de atuação docente, admitindo decisões que oportunizam adequar a ação educativa escolar às maneiras peculiares de aprendizagem dos alunos, considerando que o processo de ensino e aprendizagem pressupõe atender à diversificação das necessidades dos alunos na escola (BRASIL, 1998, p. 15).

A LDBEN (BRASIL, 1996) também considera importante a adaptação ou flexibilização de currículos, métodos, técnicas e recursos para atender as especificidades dos alunos. "Dessa forma, as adaptações curriculares tornam-se um relevante instrumento para possibilitar ajustes para atender a diversidade dos alunos, uma vez que, propõe flexibilidade, organização e ordenação curricular" (DUARTE, 2012, p. 482), buscando a apropriação do saber por todos, respeitando suas peculiaridades e características de aprendizagem.

As adaptações curriculares podem ser entendidas como:

> [...] uma possibilidade de se concretizar um currículo flexível, em suas diferentes instâncias, não no sentido de empobrecer o conteúdo a ser trabalhado, mas de torná-lo acessível a todos os estudantes por meio de alternativas metodológicas e

avaliativas que atendam às necessidades individuais, favoreçam o acesso aos diferentes âmbitos do currículo e a construção de conhecimentos (CAPELLINI, 2018, p. 48).

Observa-se que conceito de adaptação curricular é bastante variado de acordo com cada estudioso da área. Outros termos como acomodação curricular, adequação, flexibilização e diferenciação do ensino, também são utilizados para se referir às práticas pensadas para favorecimento de ações mais inclusivas e eficazes no aprendizado de estudantes PAEE. Apontar quais dessas ações são mais relevantes ou eficazes seria um grande equívoco, pois seria afirmar que há uma receita correta a ser seguida no ensino para estudantes PAEE[2]. Entretanto, o que podemos assegurar é que o melhor caminho a ser seguido é aquele em que a equipe escolar se compromete conjun-

[2] Para saber mais: (1) ZERBATO, A. P. Desenho universal para a aprendizagem na perspectiva da inclusão escolar: potencialidades e limites de uma formação colaborativa. 297 folhas. Tese de doutorado. Programa de Pós-graduação em Educação Especial. Universidade Federal de São Carlos. São Carlos, 2018. (2) CAPELLINI, V. L. M. F. Adaptações escolares na inclusão escolar: contrastes e semelhanças entre dois países. 1 ed. Curitiba: Appris, 2018. 273 p.

tamente, busca entender as demandas de seus estudantes e do seu contexto escolar e respeita os ritmos e estilos variados de aprendizado, de forma a não privá-los do mesmo conhecimento que está sendo ofertado aos demais estudantes.

Afinal, se estamos falando do acesso a um currículo comum, no qual o ensino deixa de estar centrado nas dificuldades para se embasar nas capacidades, nos ritmos e estilos de aprendizagem de cada estudante, que escola é essa em que todos devem sempre aprender da mesma maneira, ao mesmo tempo e do mesmo jeito? Que escola é essa que apenas identifica aquilo que o estudante não sabe e não prevê soluções para eliminar as barreiras que o ambiente educativo impõe no processo de ensino e aprendizagem? Existe alguma proibição em realizar atividades adaptadas sobre o mesmo assunto, dentro de um mesmo espaço, com arranjos diferentes? Por que a escola ainda se configura nos moldes tradicionais, apesar da literatura, pesquisas acadêmicas e até da legislação falarem em flexibilidade, multidisciplinaridade, interdisciplinaridade, linhas de ação, construção de cultura colaborativa e parcerias?

Chamamos atenção, entretanto, ao tipo de atividade elaborada, uma vez que atividade adaptada não é um sinônimo de atividade paralela ou simplificada. Há que se ter cautela quando se fala em adaptação curricular, pois a elaboração de atividades "diferentes" para o ensino de estudantes PAEE, em classes comuns pode acarretar a criação de um ambiente mais exclusivo, ao invés de oferecer situações de aprendizagem diversificadas, para que todos tenham acesso ao conhecimento e ao aprendizado significativo.

b) Atividades Paralelas

Chamaremos de atividades paralelas aquelas atividades realizadas por estudantes PAEE, em classe comum, que destoam daquilo que é realizado pelos demais estudantes da turma, justificando a necessidade de sua realização, pela suposta incapacidade do estudante-alvo, em realizar a mesma atividade dos demais.

Dessa forma, planejam-se atividades embasadas na dificuldade, e não na potencialidade do estudante, e desconexas do conteúdo trabalhado com a turma.

Um exemplo de atividade paralela é quando uma professora de 1º ano do Ensino Fundamental trabalha o conceito de adição, em uma aula de matemática com a turma, enquanto o estudante PAEE faz um exercício, repetidas vezes, da sequência numérica de 1 a 10, pois se considera que esse conteúdo, que ele ainda não domina, é condição para o aprendizado posterior das operações.

Ainda hoje é comum constatar, nas práticas educativas de muitos profissionais, a concepção de que, se o estudante é PAEE, automaticamente precisará de atividades paralelas. Muitas vezes, suas potencialidades são desconsideradas, reforçando somente suas dificuldades, julgando-o como mais um fardo ou um trabalho a mais em sala de aula.

Esse contexto, ainda observado em ambientes escolares, mostra a resistência dos professores em ensinar esses estudantes e, assim, acabam tendo um trabalho dobrado em sala de aula, pois, de acordo com suas concepções equivocadas, entendem que necessitam preparar dois tipos de atividades diferentes: uma para o ensino do estudante PAEE e outra para os demais, justificando com esse argumento, a relutância em trabalhar com os estudantes PAEE.

O que ocorre, na verdade, é que o desconhecimento de estratégias inclusivas, que podem auxiliar tanto o estudante PAEE como os demais, acaba por gerar um duplo trabalho desnecessário.

Esse desconhecimento, muitas vezes, é fruto de uma formação inicial precária, que não possibilitou o aprendizado de saberes teóricos e práticos sobre Educação Especial e inclusão escolar e/ou ainda, a ausência de uma política de formação continuada, a serviço dos profissionais da educação, para a construção de práticas escolares inclusivas, além da ausência da construção de uma cultura colaborativa e inclusiva no ambiente escolar.

A realização de atividades paralelas, por estudantes PAEE em sala de aula, pode reforçar o preconceito de que eles são incapazes de fazer as mesmas atividades que os demais, centrando novamente a dificuldade no indivíduo, e não no ambiente que deveria favorecer o aprendizado. Também se corre o risco de suscitar um sentimento de impotência no próprio estudante PAEE, que percebe essa diferenciação no tratamento do professor no momento de ensiná-lo, levando-o inclusive, à negação na realização dessas atividades paralelas.

Verifica-se assim, que preparação e realização de atividades desconexas ao conteúdo ainda são recorrentes, reforçando a exclusão e a diferença em sala de aula, principalmente quando não há a figura do professor de Educação Especial na escola, muito menos em sala de aula. A construção de um trabalho de parceria com o professor especialista poderia minimizar essa dificuldade, apresentada pelos professores do ensino comum, visto que o trabalho em conjunto possibilitaria o aprendizado de novas práticas para o acesso de todos ao conhecimento.

c) Atividades acessíveis

Denominaremos atividades acessíveis aquelas cuja oferta possibilita a participação de todos, portanto, são práticas que permitem o acesso ao conhecimento para toda a turma, mesmo que, em alguns casos, necessitem de algumas estratégias, apoios, ou um recurso mais específico.

Como já discutido nesse capítulo, para se colocarem em prática os princípios inclusivos são necessárias transformações na escola comum, tanto nas formas de ensino e construção de novas estratégias como na utilização de recursos materiais e humanos em sala de aula, para atendimento das demandas de aprendizagem de todos os estudantes.

Muitas vezes, os professores de ensino comum perceberão que nem sempre haverá necessidade da modificação de uma atividade trabalhada com a turma e que a implementação de um recurso em sala de aula (seja ele material ou humano) pode ser a chave de acesso ao mesmo conteúdo trabalhado, para todos. A

utilização da máquina Braille por um aluno cego, ao escrever o seu texto, o uso de um computador para um aluno com deficiência física fazer sua atividade, ou a substituição de um pincel vermelho pelo azul, para um estudante com deficiência visual enxergar o que está escrito no quadro, são exemplos de recursos que podem ser implementados em sala de aula, sem necessariamente requerer uma modificação na atividade desenvolvida pelo professor.

Para Duarte (2012), o currículo de uma escola inclusiva não se refere apenas às adaptações feitas para acomodar os estudantes PAEE, ou com demais necessidades, mas implica também em uma nova forma de conceber a questão curricular, para dar conta da diversidade de estudantes e suas variadas demandas de aprendizagem.

Os caminhos para a construção de uma escola inclusiva:

> [...] perpassam pelas adaptações curriculares, pela gestão escolar, pelos princípios norteadores desse paradigma educacional e com a construção de sua proposta pedagógica. A escola inclusiva requer a efetivação de currículos adequados (adaptados ou modificados, quando necessário) e uma prática pedagógica flexível com arranjos e adaptações que favoreçam tanto o bom aproveitamento quanto o ajuste socioeducacional do indivíduo com necessidades educacionais especiais (MENDES, 2002, p. 17).

Diversos meios, recursos e estratégias podem ser pensados e utilizados na escolarização do estudante PAEE. Dentre eles, há um caminho ainda pouco conhecido no Brasil, que pode embasar o planejamento, a elaboração e a implementação de diferentes estratégias para a efetivação da escolarização e aprendizado de todos, em sala de aula comum, que é o Desenho Universal para Aprendizagem (DUA).

O DUA é uma ferramenta teórica para embasamento do planejamento, elaboração e implementação de práticas que visam à acessibilidade ao conhecimento por todos os estudantes, uma vez que se pressupõe que todos os indivíduos são diferentes e possuem estilos e maneiras variadas de aprender (ZERBATO, 2018). Possui três princípios fundamentais: (i) engajamento, (ii) representação e (iii) ação e expressão. Cada um destes princípios nos auxilia a pensar em (i) diferentes meios para engajamento dos estudantes no aprendizado (atividades para estimular o interesse ao conhecimento), (ii) em múltiplos meios para apresentação do conteúdo (textos digitais, músicas, materiais concretos, recursos tecnológicos, audiolivros, mapas conceituais, entre outros) e (iii) possibilidades variadas para avaliação do aprendizado, de acordo com a forma de expressão mais condizente ao estudante, para demonstração dos conhecimentos aprendidos (pela oralidade, por imagens, pela escrita, por gráficos, tabelas, mapas conceituais, pela música, por construção de materiais concretos, entre outros).

Para se pensar na variedade de práticas e estratégias embasadas no DUA é necessário o trabalho em colaboração de professores do ensino comum e de professores especializados, para que juntos, cada qual com seus conhecimentos, possam planejar uma variedade de atividades, recursos e estratégias, para atender à diversidade na sala de aula, respeitar os diferentes ritmos e estilos de aprendizado e possibilitar a participação de todos.

A definição do melhor caminho a ser escolhido para construção do saber junto aos estudantes, na perspectiva da Educação Inclusiva parte, portanto, dos seguintes questionamentos: O quê? Como? Para quê ensinar? Juntamente a essas perguntas, outra não menos importante precisa estar associada, que é: Que tipo de indivíduo se quer formar?

Assim, "[...] quaisquer modificações curriculares para atender demandas de alunos com deficiência têm dimensões técnicas e políticas" (MAGALHÃES, 2012, p. 506).

Pensando na reestruturação da escola para atender à diversidade, alguns países adotaram um novo formato de trabalho que vem apresentando sucesso para o ensino e aprendizagem de es-

Educação Infantil

Ensino Fundamental

Ensino Fundamental

Ensino Fundamental

tudantes PAEE, em classes de ensino comum. Esse novo formato difere do AEE realizado em SRM – serviço priorizado e financiado pelas políticas brasileiras de Educação Especial – e tem como foco o local em que o estudante PAEE passa o maior tempo de sua escolarização: a sala de aula.

Entendendo que a educação dos indivíduos PAEE não pode recair apenas sobre a responsabilidade de um profissional, quer seja o professor de Educação Especial, ou somente o professor de ensino comum, e considerando que não é possível um único profissional dar conta de saber sobre todas as metodologias para atendimento das especificidades de cada estudante, verifica-se que o trabalho em parceria pode ser um caminho muito valioso para favorecimento do aprendizado aos estudantes. O Ensino Colaborativo apresenta-se como uma dessas alternativas mais viáveis e tem se mostrado mais efetivo, enquanto serviço de apoio à escolarização de alunos PAEE, em sala de aula de ensino comum.

Que tal aprender agora o que é o Ensino Colaborativo? Como efetivá-lo? Estas questões são abordadas no próximo capítulo.

CAPÍTULO 2

QUE TAL APRENDER AGORA O QUE É ENSINO COLABORATIVO?

O Ensino Colaborativo envolve um trabalho de parceira em sala de aula entre professor de Ensino Comum e professor de Educação Especial. O Ensino Colaborativo é baseado na abordagem social da deficiência, ou seja, pressupõe que a escola deve ser modificada para atender os estudantes e não o contrário. Por isso, esse modelo de trabalho preconiza a qualificação do ensino ministrado em classe comum, espaço no qual o estudante passa a maior parte do tempo de sua jornada escolar, interage e aprende com os demais, e o local onde ocorre de maneira mais intensa o seu processo formativo. Se o ensino na classe comum não responder às demandas desse aluno e pouco favorecer sua participação e aprendizagem, de nada adiantará ampliar sua jornada, em uma ou duas horas semanais, para oferecer-lhe

o Atendimento Educacional Especializado (AEE) em Salas de Recurso Multifuncionais (SRM), no período contraturno, como a política atual pressupõe, pois, desta forma, estaria se presumindo que o problema está centrado no aluno com deficiência, e não na escola (MENDES; VILARONGA; ZERBATO, 2014).

O Ensino Colaborativo, serviço iniciado na década de 80 nos Estados Unidos (GARVAR; PAPANIA, 1982; WILL, 1986; WOOD, 1998), é um dos modelos de prestação de serviço de apoio, no qual um professor de ensino comum e um professor especializado dividem a responsabilidade de planejar, instruir e avaliar o ensino dado a um grupo heterogêneo de estudantes. Além de priorizar o trabalho em colaboração, entre os profissionais da educação comum e especial, para assegurar a qualidade da escolarização dos alunos PAEE norte-americanos, os documentos normativos garantiram a presença do educador especial em sala de aula, para a implementação do Plano de Educação Individualizado (PEI) de cada aluno (HERNANDEZ, 2013). Tal modelo emergiu como uma alternativa aos modelos de sala de recursos, classes especiais ou escolas especiais, especificamente, para responder às demandas das práticas de inclusão escolar de estudantes PAEE, pois, uma vez que o aluno deve ser inserido numa classe comum, todos os recursos dos quais ele pode se beneficiar têm que estar junto dele para o contexto de sala de aula, incluindo o professor especializado.

Tanto o Ensino Colaborativo quanto a elaboração e implementação do PEI estão garantidos na legislação norte-americana. De acordo com Tannús-Valadão (2010), o PEI consiste em um plano, elaborado por toda a equipe escolar e familiares do PAEE, que descreve o programa educacional, em termos de serviços demandados pelo aluno-alvo, tomando como base uma avaliação fundamentada nos pontos fortes e em suas necessidades para aprender. É um registro das acomodações necessárias para auxiliar o estudante a alcançar suas expectativas de aprendizagem, configurando-se como um documento orientador do trabalho educacional, e considerando as especificidades do aluno e do currículo escolar.

No Brasil, o Ensino Colaborativo e o PEI não estão garantidos nos documentos normativos e políticas da Educação Especial, apesar desses documentos apontarem a importância da construção de um trabalho colaborativo e a elaboração de um planejamento que atenda às diferenças. Os primeiros estudos sobre a proposta do Ensino Colaborativo foram os de Capellini (2004) e Zanata (2004).

O Ensino Colaborativo pressupõe clareza no papel de cada profissional atuante na escolarização do aluno PAEE e visa mudanças na organização escolar, a saber:

- Contratação de professores de Educação Especial em número suficiente para oferecer suporte nas classes comuns.
- Formação de equipes de consultoria colaborativa, contando com a atuação de equipes multidisciplinares na escola comum, que incluam psicólogos escolares, fisioterapeutas, terapeutas ocupacionais, fonoaudiólogos, entre outros profissionais que possam dar suporte à escolarização dos alunos PAEE.
- Inserção dos recursos humanos e materiais necessários dentro da sala de aula.
- Formação continuada e em serviço a toda equipe escolar – diretores, vice-diretores, coordenadores pedagógicos, professores do Ensino Comum e da Educação Especial, funcionários e pais – para construção da cultura colaborativa na escola.
- Momentos de reflexão, construção e de divulgação de novas práticas pedagógicas, para a melhoria do ensino para todos os alunos.

ENTRETANTO, ATENÇÃO: NÃO É ENSINO COLABORATIVO:

- Professores que se alternam para ministrar as disciplinas.
- Um professor ensina, enquanto o outro faz somente adaptação de materiais ou simplifica a atividade do aluno.
- Um professor ensina a lição, enquanto o outro permanece sentado, observando, sem função ou tarefa específica.
- Quando as ideias de um professor prevalecem ou determinam o que ou como algo deve ser ensinado.
- Um professor agir como um tutor, auxiliar, ajudante ou voluntário.
- Um professor ensinar e o outro ter o papel de cuidador.
- Quando se tem dois professores habilitados ensinando para uma classe organizada para ser mais homogênea, e que, por exemplo, agrupa alunos considerados "fracos" numa mesma turma.
- Remoção dos alunos para receber instruções em salas separadas ou para realizar atividades paralelas no canto da própria sala de aula (CONDERMAN; BRESNAHAN; PEDERSEN, 2009).

2.1 Características do Ensino Colaborativo

O Ensino Colaborativo às vezes pode ser confundido com outros tipos de trabalhos em parceria, que acontecem em sala de aula, portanto, muita atenção para as suas características (FRIEND; HURLEY-CHAMBERLAIN, 2007):

Trata-se de um serviço de apoio especializado, no qual estudantes PAEE recebem educação especializada e serviços relacionados à sua escolarização, no próprio contexto da sala de aula comum da escola regular.

É um trabalho de parceria de dois profissionais, licenciados para ensinar, que atuam como coprofessores, sendo um o "educador geral ou de ensino comum" e o outro, um "educador especial".

Ambos participam plenamente, embora de formas diferentes, do processo de ensino e aprendizagem. O "professor de ensino comum" mantém a responsabilidade primária, em relação ao conteúdo que será ensinado, enquanto o educador especial se responsabiliza pelas estratégias de promoção desse processo.

Os estudantes são agrupados de forma heterogênea e os dois professores trabalham com TODOS os estudantes. Várias combinações com estudantes e tamanhos de grupo podem ser usadas, de modo que cada aluno tenha todo seu potencial de aprendizagem explorado. Os coprofessores devem estar firmemente comprometidos com a ideia de que todos são "nossos alunos" e não "os meus e/ou os seus estudantes".

O Ensino Colaborativo não acontece em uma sala de aula comum, na qual um professor age como o "principal", enquanto que o outro atua como "ajudante"; muito menos, quando a atividade com o estudante PAEE é ensinada pelo professor especializado no canto de uma sala de aula, enquanto o professor do ensino comum se dedica ao restante da classe.

No Ensino Colaborativo, professor especializado e o professor do ensino comum dividem a responsabilidade do ensino, os erros e os acertos. Por isso, o profissional da Educação Especial não entra na sala de aula para supervisionar, criticar, ou para ensinar o que os outros devem fazer, mas sim, para contribuir, aprender e somar, ou seja, colaborar para a meta comum, que é favorecer a aprendizagem e o acesso ao currículo, por todos os estudantes.

2.2 Para implementar o Ensino Colaborativo

Antes do professor de Educação Especial entrar em sala de aula, para trabalhar em colaboração com o professor de ensino comum, alguns pontos devem ser apresentados e discutidos com toda a equipe escolar, a fim de que se tenha entendimento do tipo de trabalho a ser realizado e do papel de cada um em sala de aula.

Os pontos apresentados na imagem a seguir devem ser previamente discutidos com toda a equipe escolar, durante as reuniões pedagógicas e de planejamento, antes e durante a implementação do Ensino Colaborativo, para que os atores envolvidos no processo educativo compreendam o papel de cada um, desenvolvam as habilidades necessárias para o trabalho em conjunto e, a longo e médio prazo, construam uma cultura colaborativa na escola.

Quando falamos em debater o Ensino Colaborativo com a equipe escolar, estamos nos referindo a todos os atores que, de forma direta ou indireta, influenciam na educação dos estudantes. Por isso, a construção da cultura colaborativa e o trabalho com o Ensino Colaborativo não envolve apenas os professores das disciplinas comuns e professores de Educação Especial, envolve também profissionais especializados que atuem na escola, gestão administrativa, funcionários em geral, familiares, comunidade externa e os próprios estudantes envolvidos no processo formativo.

Sendo assim, para a implementação do Ensino Colaborativo, são necessários alguns pré-requisitos (CONDERMAN; BRESNAHAN; PEDERSEN, 2009), apresentados na imagem da página seguinte.

Esses requisitos para o sucesso e para a implementação do Ensino Colaborativo não nascem do dia para a noite; são habilidades construídas ao longo do trabalho e sempre devem visar um objetivo único entre os profissionais, ou seja, o favorecimento e o sucesso da aprendizagem de todos os alunos da turma. Por isso, não há hierarquia entre os profissionais e os conhecimentos e saberes de cada um devem ser respeitados e valorizados, bem como a tomada de decisões sobre o planejamento, o ensino, os objetivos a serem alcançados e a organização da sala e avaliação dos estudantes. Cada etapa do processo de ensino e aprendizagem deve ser compartilhada pelos profissionais, que trabalham em colaboração.

Assim, a destreza nas habilidades de relações interpessoais, a abertura para o diálogo e o trabalho coletivo são fundamentais, habilidades essas nem sempre desenvolvidas pelos profissionais da escola, portanto, que também necessitam ser construídas.

No Ensino Colaborativo nenhum professor tomará as decisões isoladas, pois os estudantes não são responsabilidade única desse ou daquele professor, e sim da equipe escolar e da comunidade. Também não há sobreposição do conhecimento de um professor sobre o do outro, ,pois no Ensino Colaborativo, os saberes e experiências de cada profissional são valorizados igualmente, uma vez que se entende que a soma e a troca de conhecimentos diferenciados entre eles potencializará a construção de práticas mais inclusivas.

PROFESSOR DO ENSINO COMUM

O ENSINO COLABORATIVO É DEFINIDA COMO SENDO PARIDADE...
...ONDE HÁ PAPÉIS IGUALITÁRIOS NO MOMENTO DE PLANEJAR, EXECUTAR E AVALIAR AS LIÇÕES.
VALORIZAÇÃO DOS CONHECIMENTOS DOS PROFISSIONAIS ENVOL-VIDOS NO PROCESSO DA INCLUSÃO ESCOLAR.
TAMBÉM MANTER O ESPIRITO DE EQUIDADE.
RESUMINDO, O ENSINO COLABORATIVO É TOMADA DE DECISÕES MÚTUAS.

CAPÍTULO 3

MODELOS DE IMPLEMENTAÇÃO DO ENSINO COLABORATIVO

No Ensino Colaborativo não existe um modelo único para organização do ensino. A forma como o trabalho será implementado dependerá do contexto escolar em que os profissionais ensinam, da relação dos dois professores em sala de aula, das características da turma com que trabalham, dos recursos e do tempo disponível para o trabalho em conjunto. Os dois professores decidirão juntos, a melhor maneira de se trabalhar em conjunto, podendo sempre ser reavaliado o formato do trabalho, de acordo com os objetivos que buscam alcançar.

Segundo Conderman, Bresnahan e Pedersen (2009), o Ensino Colaborativo pode ser realizado de acordo com diferentes modelos, porém é preciso atenção. Nas figuras a seguir, os dois primeiros modelos apresentados são utilizados com maior frequência no início do trabalho em colaboração, quando o planejamento comum ainda é inexistente, denominado como um estágio inicial de reconhecimento do contexto e aproximação dos dois profissionais.

Caso os dois professores não consigam atingir um nível mais avançado de colaboração, possivelmente será difícil construir um trabalho de parceria e realizar modificações nas estratégias de ensino da classe.

DIFERENTES MODELOS DE ENSINO COLABORATIVO

Um professor assume o papel principal na classe, enquanto o parceiro assume papel passivo na instrução, apenas de auxiliar, observando o comportamento e a aprendizagem dos alunos

Um professor assume a liderança do ensino, enquanto o outro assume papel de apoio, circulando individualmente com os alunos ou em pequenos grupos, oferecendo auxílio apenas quando o professor regente solicitar.

Fonte: Propostas de arranjos em Ensino Colaborativo (VAUGHN; SCHUMM; ARGUELLES, 1997; MENDES, VILARONGA, ZERBATO, 2014).

ESTAÇÕES DE ENSINO

ENSINO PARALELO

Idealizam-se vários ambientes (cantinhos) de aprendizagem na sala de aula, com focos de aprendizagem diferentes, mas que se interrelacionam. Nesse modelo, os alunos se deslocam de um local para outro, sendo cada professor responsável por um grupo. Em cada "cantinho" os estudantes poderão ter tarefas diferenciadas para realizar, de acordo com o potencial de cada um.

A classe é igualmente dividida ao meio, sendo cada professor responsável por ensinar um grupo de estudantes. Nesse caso, mesmo divididos, existe um plano de aula comum. Os estudantes são divididos, porém as práticas de ensino são as mesmas nos dois grupos.

ENSINO ALTERNATIVO

Usado quando se tem um pequeno grupo de alunos que necessitam de revisão, reforço ou atividades suplementares. Um professor assume o comando na instrução do grupo maior, enquanto o outro tem como foco o aprendizado desse pequeno grupo em conteúdos específicos. Os direcionamentos desses pequenos grupos devem ser variados, assim como o professor responsável por essa instrução.

EQUIPE DE ENSINO OU ENSINO COLABORATIVO

É o objetivo final do Ensino Colaborativo. A dupla de professores se responsabiliza pela instrução e pela responsabilidade educacional de toda a turma. Os professores juntos podem co-apresentar uma lição, sendo vistos com igualdade no planejamento e na execução da instrução. Dizemos que num time de Ensino Colaborativo os dois professores se encontram tão sincronizados com os objetivos da turma que um olhar é suficiente na comunicação entre eles.

Também encontramos na literatura o modelo de Consultoria Colaborativa, que é definida como: "um processo interativo que permite que grupos com diferentes especificidades de atuação gerem soluções criativas para problemas definidos mutuamente" (IDOL; NEWIN; PAOLUCCI-WHITCOMB, 2000, p.1). O objetivo da Consultoria Colaborativa é que profissionais de diferentes especialidades (fonoaudiologia, psicologia, terapia ocupacional, fisioterapia e outros) trabalhem em parceria com o professor do ensino comum, com a família e toda a equipe escolar, para buscarem soluções aos possíveis problemas que impedem a aprendizagem do estudante PAEE.

De acordo com Kampwirth (2003), existem três níveis de atuação, na consultoria colaborativa, que são:

1) **Primário:** elaboração em conjunto de um currículo, métodos e intervenções apropriadas que atendam à demanda de todos os alunos.
2) **Secundário:** ocorrerá quando o aluno já apresenta dificuldades no processo de escolarização, sendo necessário entrar em contato com os pais, para realização de modificações em sala de aula.
3) **Terciário:** os problemas referidos são muito sérios, existindo a necessidade de serem tomadas medidas como fornecer possíveis serviços em outros ambientes que não os da educação geral.

A Consultoria Colaborativa traz benefícios para todos os envolvidos no processo de inclusão escolar. Ao professor, permite instrumentar-se, aliviando o estresse e a sensação de que o ensino faz parte de uma profissão isolada; aos pais, que aprendam novas formas de condutas para seus filhos com deficiência. Além disso, muitos recursos elaborados pela equipe de Consultoria Colaborativa podem e devem ser utilizados, tanto na escola como na casa do estudante com deficiência, para realização de suas tarefas escolares e outras atividades do cotidiano.[3]

---

[3] Para saber mais sobre Consultoria Colaborativa: LOURENÇO, G. F. Avaliação de um programa de formação sobre recursos de alta tecnologia assistiva e escolarização. Tese (Doutorado). Programa de Pós-Graduação em Educação Especial, Universidade Federal de São Carlos. São Carlos: UFSCar, 2012, 258 f.

3.1 Elementos importantes para o sucesso do Ensino Colaborativo

Colocar o Ensino Colaborativo em prática é uma tarefa árdua que demanda tempo e paciência. O fato de os profissionais pertencerem a um mesmo grupo ou escola não significa que poderão automaticamente interagir colaborativamente. Segundo Wood (1998), para um grupo ser efetivamente colaborativo é necessária a construção de diversas aptidões descritas nas imagens na página seguinte.

Observa-se, no contexto escolar, que poucos professores e profissionais de apoio têm tido a oportunidade de receber formação e praticar habilidades colaborativas. Por isso, além da intenção voluntária dos profissionais para trabalhar em colaboração (pois não é possível obrigar os profissionais a trabalhar em parceria), é preciso formação e treinamento dessas habilidades para o sucesso do trabalho colaborativo.

Quando se pensa em relações colaborativas, alguns aspectos devem ser considerados (WALTER-THOMAS; KORINEK; MCLAUGHLIN, 1999):

ATENÇÃO: Tanto as equipes quanto os indivíduos envolvidos no processo educativo devem determinar quando a colaboração é apropriada, ou não. O trabalho em parceria nasce somente quando os profissionais voluntariamente aceitam fazê-lo. O processo de tomada de decisão compartilhada faz sentido quando parceiros, ou grupos maiores, trabalham assuntos fundamentais, mas isso pode não ser necessário para certos assuntos profissionais.

3.2 Condições necessárias para a efetivação do Ensino Colaborativo

Para efetividade do Ensino Colaborativo, diferentes estudiosos do assunto (ARGUELES, HUGHES, SCHUMM, 2000; MENDES, VILARONGA, ZERBATO, 2014) apontam fatores importantes para o desenvolvimento da parceria entre professor de ensino comum e Educação Especial. São eles:

Confiança

Comunicação em grupo

Resolução de problemas e conflitos

1. COLABORAÇÃO NÃO É SINÔNIMO DE INCLUSÃO.

2. AMIZADE NÃO É UM PRÉ-REQUISITO PARA A COLABORAÇÃO.

3. COLABORAÇÃO NÃO É OBTIDA RAPIDAMENTE OU FACILMENTE.

4. A PARTICIPAÇÃO EM ATIVIDADES COLABORATIVAS DEVE SER VOLUNTÁRIA E PROMOVER O ENGAJAMENTO DOS PROFISSIONAIS.

3.2.1 Tempo para planejamento comum

Os professores necessitam de um tempo, de preferência diário, para planejarem, compartilharem e discutirem ideias, principalmente se o professor de Educação Especial não fica o tempo todo em sala de aula com o professor de ensino comum. O momento de planejamento comum permite ao professor de Educação Especial saber como está o andamento do trabalho em sala de aula, quando esse não está presente, e lhe dá a oportunidade de sugerir adaptações e estratégias para o ensino dos alunos do PAEE.

O relato de uma professora de Língua Portuguesa do Ensino Fundamental que trabalhou em conjunto com uma professora de Educação Especial (ZERBATO, 2014), mostra que o planejamento em conjunto possibilita a construção de novos conhecimentos,

como a aprendizagem de estratégias e atividades para o ensino de um estudante PAEE. Dessa forma, o Ensino Colaborativo permite que, mesmo nos momentos em que o professor de Educação Especial não esteja em sala de aula, o professor do ensino comum consiga elaborar práticas visando à participação do estudante PAEE. Isso mostra que o Ensino Colaborativo, além de ser uma poderosa ferramenta didática, oportuniza formação em serviço para os professores:

> Um fator importante que me deixa muito mais tranquila ao analisar como foi este ano letivo e como será o ano que vem, é que no planejamento deste ano eu não tinha noção de como preparar um material para o meu aluno PAEE, e o próximo ano se eu tiver um aluno PAEE, mesmo dadas suas características individuais, que são diferentes um do outro, eu já tenho uma noção muito melhor de como preparar e aproveitar o próprio planejamento pra estabelecer o que eu quero trabalhar com os meus alunos, o que eu vou ensinar e como eu vou ensinar (ZERBATO, 2014, p. 88).

Durante as reuniões de planejamento em comum, os professores têm a oportunidade de refletirem sobre suas aulas diárias, avaliarem suas práticas, elaborarem planejamentos individuais para os estudantes PAEE e definir papéis e responsabilidades do trabalho em conjunto antes, durante e após a aula. Por isso, o planejamento em conjunto é tão importante quanto a reflexão e o debate sobre o que funcionou, ou não, durante a atividade.

Observe este relato de um professor de Ciências do Ensino Fundamental, retirado da pesquisa de Zerbato (2014, p. 86).

> [...] tanto o professor do Ensino Colaborativo quanto o professor do ensino comum teriam um tempo para planejar, recebendo também esse valor (salário) porque eu acho que isso é importante, senão você acaba deixando de fazer algumas coisas se não for assim. Então, os dois

> professores sentariam, proporiam atividades para aquele semestre, já se programariam durante o semestre e durante a semana eles iriam observando: "Isso funcionou, isso não funcionou, vamos mudar, vamos manter [...] Se você não tiver um planejamento você não consegue chegar nisso, eu acho que você tem que ter um planejamento no mínimo bimestral [...] e tem que ser casado, não tem como o professor do Ensino Colaborativo montar uma atividade sem saber qual vai ser o conteúdo.

Para Conderman, Bresnahan e Pedersen (2009), a falta de tempo para planejar em conjunto é um impedimento no relacionamento entre professores de Educação Especial e professores de ensino comum. No Brasil, professores de Educação Especial normalmente trabalham em suas SRM no período oposto ao que o professor de ensino comum leciona, dificultando, assim, a comunicação entre eles, não existindo, portanto, tempo para planejar juntos, trocar experiências sobre as estratégias para aprendizagem do aluno PAEE matriculado na escola comum. Além disso, em alguns contextos educacionais, a remuneração salarial de professores do ensino comum e Educação Especial difere, causando certo desconforto quanto à valorização do profissionalismo e dos conhecimentos de cada um.

Quanto ao horário de planejamento remunerado, como citado no relato acima pelo professor de Ciências, e devidamente importante, alguns municípios já disponibilizam horário para estudo e elaboração prévia das atividades pedagógicas, porém, muitas vezes esses horários não são direcionados pela gestão administrativa, para possibilitar o planejamento em comum com o professor de Educação Especial. Em outras situações, devido às inúmeras demandas do contexto escolar, o horário de planejamento acaba sendo utilizado para realizar outras funções, ou seja, a cultura escolar ainda não está estruturada no sentido de valorizar esse momento fundamental para o sucesso do ensino em sala de aula.

3.2.2 Flexibilidade

Um dos mais importantes aspectos para o trabalho em parceria é a flexibilidade. Argueles, Hughes e Schumm (2000, p. 2), revelam que "o professor precisa ter a filosofia de fazer uma sala que acolha qualquer criança". Tanto a administração escolar como os professores que decidem trabalhar na proposta do Ensino Colaborativo precisam ser flexíveis para trabalharem em colaboração. A gestão escolar precisa estar aberta para o estabelecimento de novas rotinas de trabalho e os professores, por sua vez, precisam ser flexíveis na sua forma de ensinar e de organizar a sala, cabendo aos professores de Educação Especial ter a flexibilidade necessária para lidar com o estilo peculiar de cada professor de ensino comum.

O trabalho em colaboração pode ser atravancado por diversas dificuldades, já que professores de ensino comum e de Educação Especial sempre fizeram parte de um sistema que os separou, da mesma maneira que isolou e categorizou estudantes (WOOD, 1998). O professor de ensino comum está acostumado a trabalhar de forma solitária em sua sala de aula, assim como o professor de Educação Especial, habituado a trabalhar em sua sala de recursos. Por isso, ser flexível no trabalho em conjunto é importante, para que os dois professores possam expor suas ideias e partilhar conhecimentos e experiências, sem que se estabeleça um campo de disputa em sala de aula, e sim o respeito em relação aos saberes que cada um possui.

3.2.3 Arriscar-se

Trabalhar em colaboração é um grande desafio, assim como a necessidade de mudanças significativas no sistema educacional para o ensino dos estudantes com e sem deficiência. No Ensino Colaborativo, professor de Educação Especial e do Ensino Comum trabalham com estudantes com quem eles têm ou não experiência. Isso faz com que os professores se desafiem para melhorar seu ensino. A colaboração leva os profissionais a inovarem suas práticas e a tentarem realizar atividades que, sozinhos, raramente ou nunca tentariam (ARGUELES; HUGHES; SCHUMM, 2000).

3.2.4 Definição de papéis e responsabilidades

Para o trabalho efetivo do Ensino Colaborativo é necessário que os dois professores estejam em pé de igualdade (ARGUELES; HUGHES; SCHUMM, 2000). Assim, os dois professores precisam ter claros seus papéis e responsabilidades, bem como precisam ser igualmente responsáveis pelos avanços acadêmicos de todos os estudantes da classe. No Ensino Colaborativo não há hierarquia, cada professor tem suas habilidades e conhecimentos específicos e ambos trabalham juntos para somar e melhorar a qualidade do ensino dos alunos PAEE, ou não.

3.2.5 Compatibilidade

A combinação entre os estilos e as filosofias dos professores é muito importante para o sucesso do Ensino Colaborativo, porém sabe-se que isso representa um difícil desafio, pois cada professor tem diferenças em seu estilo de ensinar. Para evitar esse conflito, é importante a atuação da gestão escolar, no sentido de facilitar e organizar diferentes possibilidades para o desenvolvimento do trabalho em colaboração, como:

Permitir que seus professores escolham se trabalharão, ou não, de forma colaborativa.

Possibilitar a organização da equipe unindo professores que já tiveram um contato prévio entre si e se mostrem mais empáticos para o trabalho em colaboração.

Possibilitar a re(avaliação) das duplas de trabalho a cada bimestre/semestre.

Sugerir a rotatividade das duplas de trabalho, se necessário e, se possível.

3.2.6 Habilidade de comunicação

Como o Ensino Colaborativo exige um relacionamento significativo, os profissionais envolvidos precisam ter ou desenvolver habilidades de comunicação, em momentos de formação, para que o trabalho atinja o sucesso. É comum surgirem dificuldades, quando dois professores começam a trabalhar em conjunto, pois a maior parte dos professores desconhece essa proposta de trabalho, além de estarem acostumados a trabalhar sozinhos, estabelecendo suas próprias rotinas de sala de aula.

Quando uma escola adota o Ensino Colaborativo como proposta de trabalho, supõe-se que muitos professores estarão, pela primeira vez, se deparando com a necessidade de tomar decisões conjuntas, em relação a variados aspectos do ensino. A necessidade de mudança de estratégias, de ouvir novas ideias e de conviver com outro profissional em sala de aula podem gerar desconfortos, tensões e discordâncias. Por isso, recomenda-se a comunicação frequente entre os profissionais e a mediação da gestão escolar, para apoio e fomentação desses momentos. Para Nelson (2013), as discussões, os questionamentos e até mesmo os desacordos entre os colegas de profissão criam mais oportunidades para o crescimento, mudanças e sucesso nas aulas do que quando cada um trabalha solitário, cumprindo seu papel.

Sabe-se que nem todos os profissionais estão habilitados para o trabalho em conjunto e nem sempre possuem as habilidades necessárias para tal, por isso, momentos de formação continuada e em serviço serão fundamentais, para que eles construam as aptidões necessárias para o sucesso do Ensino Colaborativo.

Por exemplo: ao propor o Ensino Colaborativo, em um curso técnico da área de exatas, certamente a disposição do professor de Educação Especial entrar em sala de aula para colaborar com os professores das disciplinas comuns não bastará. Serão necessários momentos de formação prévios sobre a proposta de trabalho; os profissionais necessitarão de tempo para conhecerem os estilos e as filosofias de ensino de cada um e de tempo para planejar o ato de ensinar. Todas essas etapas perpassam a habilidade da comunicação. Habilidade que não indica apenas aprender a falar e a planejar com o outro o ato de ensinar; envolvendo também, o aprendizado em tomar decisões sobre o ensino da turma conjuntamente e, principalmente, o aprendizado em escutar. Escutar o outro, suas angústias, suas expectativas, seus medos, seus ideais e, nessa escuta, aprender com o outro para se respeitarem mutuamente e buscarem os melhores caminhos para um trabalho em conjunto.

3.2.7 Suporte da gestão escolar

O Ensino Colaborativo exige uma gestão escolar que também saiba ouvir e que esteja aberta para atuar nos momentos de superação de obstáculos. Uma nova proposta de trabalho normalmente gera medos, resistência e insegurança, por isso, o papel da administração escolar em apoiar e auxiliar nos momentos de erros e acertos, principalmente nos momentos dos erros, é fundamental.

Um sistema educacional não pode se autoproclamar inclusivo, porque um ou alguns professores buscam implementar princípios inclusivos dentro de suas salas de aula. O papel da gestão escolar é muito importante, para efetivar e possibilitar condições favoráveis à inclusão de estudantes PAEE, por exemplo, a luta por contratação de profissionais especializados e de acordo com as necessidades dos estudantes, a disponibilização de recursos materiais, a construção de currículos acessíveis garantidos no Projeto Político Pedagógico da Escola, a fomentação de formação continuada para seus profissionais e investimento na acessibilidade dos ambientes.

3.2.8 Formação dos profissionais

Além dos fatores apontados anteriormente, acrescentaremos aqui mais um elemento, primordial, para o êxito do Ensino Colaborativo. Trata-se da formação dos – futuros e atuantes – profissionais que trabalham, ou trabalharão, na escolarização de estudantes PAEE, em escolas de ensino comum. Identificamos que um dos fatores de resistência dos professores em trabalhar com estudantes PAEE é o desconhecimento em relação às deficiências e às metodologias de ensino, para favorecer a escolarização de todos em classes comuns.

Comumente, professores iniciantes relatam não ter formação suficiente para trabalhar com esses estudantes e professores já atuantes reclamam da falta de cursos de formação para atualização de seus conhecimentos. Portanto, implementar o Ensino Colaborativo como filosofia de trabalho implica, antes de tudo, em formar os seus profissionais para a construção de habilidades colaborativas e, principalmente, para ter fundamentos teóricos que sustentem a construção de uma cultura colaborativa e inclusiva no ambiente de trabalho.

Para Fernandes (2012, p. 284):

> A formação inicial de professores para a inclusão escolar na atualidade deve-se pautar em matrizes curriculares que atendam princípios legais, filosóficos e epistemológicos que preparem o futuro docente para atuar em classes comuns tendo como possível diversidade do cotidiano escolar alunos com necessidades especiais.

Assim como o pesquisador citado, outros estudiosos da área consideram emergente a necessidade de uma formação docente satisfatória, com foco na atuação no contexto da inclusão escolar, que ofereça subsídios teóricos e práticos destinados à ação pedagógica, contemplando o ensino para todos e promovendo o acesso ao conhecimento a todos os estudantes no contexto do ensino comum (TENOR; DELIBERATO, 2015; FIORINI; MANZINI, 2016).

E se estamos falando de conhecimento de metodologias educativas efetivas no contexto da sala de aula na perspectiva da Educação Inclusiva, precisamos pensar em modelos de formação docente que ampliem, reconstruam e possibilitem novas formas de ação entre os profissionais para que possam dar conta desse enorme desafio. Portanto, formações que impliquem na construção de um trabalho colaborativo podem ser um possível caminho rumo à educação mais acessível para todos.

Para Zerbato (2018, p. 43-44):

> [...] é importante considerar a formação continuada ou em serviço para a construção ou reelaboração de novas práticas pedagógicas na perspectiva inclusiva e reforçar a construção de uma cultura inclusiva e colaborativa na escola para que determinadas práticas possam estar presentes nas salas de aula e não serem responsabilidade única do professor da sala comum. As adaptações e outras práticas inclusivas vão depender essencialmente da visão que têm os professores e toda equipe escolar sobre o currículo e sobre o sentido da inclusão escolar para os estudantes PAEE. Do mesmo modo, também dependerão do trabalho em conjunto de profissionais especializados no suporte aos professores em sala de aula.

3.3 "Conheça-te a ti mesmo" ou não faça Ensino Colaborativo

Com base na literatura e em experiências práticas relatadas (KEEFE, MOORE, DUFF, 2004; MENDES, VILARONGA, ZERBATO; 2014), foram identificados quatro saberes fundamentais de que os educadores devem se apropriar para o sucesso na criação e manutenção das relações no Ensino Colaborativo:

Conhecer a si mesmo: por mais bem-intencionados e abertos que os profissionais possam estar, as experiências e vivências anteriores de cada um podem sabotar esse esforço voluntário ao aceitar o trabalho em colaboração. O autoconhecimento consiste em reconhecer que todos possuem pontos fortes e fracos que podem nunca ter sido colocados em jogo em uma situação de trabalho anterior.

> Às vezes você tem que dar um "princípio sagrado" para partilhar responsabilidades. Você não pode entrar em pânico quando alguém tem posse de seu livro de notas. Como você pode sobreviver se alguém trabalha com o seu aluno preferido, e "rouba" o afeto que você tem alimentado durante meses? E se ela está certa e você está errado? (KEEFE; MOORE; DUFF, 2004, p. 38).

Conhecer a si mesmo também significa admitir os preconceitos, as noções estereotipadas sobre os estudantes e capacidade de cada um. É importante enxergar e admitir os pontos de vista, assim como, compartilhá-los com o parceiro de trabalho. Outrossim é necessário reconhecer que haverá estudantes mais desafiadores que outros e que, em um ambiente de Ensino Colaborativo, situações difíceis surgirão.

Conheça o seu parceiro: conhecer o parceiro de trabalho não significa tornar-se o seu melhor amigo, mas deve-se criar um clima favorável à amizade, pois ambos passarão boa parte do tempo juntos, compartilhando momentos alegres e tristes, desafiadores e de conquistas. É importante saber quem realmente é o parceiro de trabalho, seus gostos, suas preferências e suas opiniões. "Saber quem é o parceiro de trabalho é muito importante para quem deseja partilhar o espaço íntimo que uma sala de aula pode tornar-se" (KEEFE; MOORE; DUFF, 2004, p.40).

Além disso, é necessário conhecer seus estilos de ensino e como esse organiza a rotina da sala de aula (quando o aluno pode sair para ir ao banheiro, em que momento ele pode levantar para apontar o lápis, etc.). As questões que aparentemente têm menor grau de relevância podem tornar-se elementos desafiantes ao longo do ano. Por isso, a comunicação frequente entre os dois é fundamental.

Conhecer seus estudantes: conhecer os estudantes significa ouvir e aceitar seus valores, seus interesses, suas percepções e compreender seus sonhos. Dessa forma, estes também farão parte da equipe de ensino, pois o sucesso da aprendizagem depende em boa parte do envolvimento deles nas atividades escolares. Além disso, é importante que os estudantes saibam quem são os professores da turma e o papel de cada um. Dessa forma, haverá a possibilidade de criação de um ambiente confiável no qual eles possam expressar suas necessidades. Quando os dois professores em sala não conseguem atingir um nível de colaboração, os estudantes percebem, mesmo que procurem disfarçar suas dificuldades. Isso pode dificultar a via de comunicação mais aberta entre professores e estudantes.

Nós devemos mostrar aos alunos que nós valorizamos e respeitamos seu "saber." Quando nós escutamos seus interesses e os incluímos em nossos processos de tomada de decisão, os alunos percebem que eles têm um peso real sobre o que vai acontecer em sua sala de aula. Você não pode dirigir-se às necessidades de um estudante se você não souber quais são (KEEFE; MOORE; DUFF, 2004, p. 42-43).

Conheça seu ofício: o Ensino Colaborativo pode ser bem-sucedido quando currículo e instruções de ensino são compartilhados pelos parceiros. Ambos devem se familiarizar com os materiais e apropriar-se dos métodos, bem como devem estar dispostos a realizar modificações, quando necessárias, para um estudante compreender determinado conteúdo ou assunto apresentado. O ato de ensinar uma turma sempre esteve associado a algo solitário, porém experiências do Ensino Colaborativo, analisadas e compartilhadas por diferentes professores que já experienciaram o trabalho em colaboração mostram que, apesar dos diversos desafios que essa proposta apresenta, a experiência de trabalhar colaborativamente permite a ampliação do conhecimento, em relação às novas formas de ensinar, ao sentimento de realização e de poder compartilhar erros e acertos em busca de um objetivo comum, a saber, a melhoria do ensino para a aprendizagem de todos os estudantes.

CAPÍTULO 4

ENSINO COLABORATIVO E INCLUSÃO ESCOLAR: E AGORA,A RESPONSABILIDADE É DE QUEM?

4.1 O papel dos professores no Ensino Colaborativo e o desenvolvimento do currículo escolar

De acordo com Capellini, Zanata e Pereira (2012), o Ensino Colaborativo é uma estratégia didática inclusiva, em que um professor do ensino comum e um professor de Educação Especial planejam, elaboram e implementam, de forma colaborativa, procedimentos de ensino para contribuir no aprendizado de um grupo heterogêneo de estudantes em classes comuns. Nesse modelo, normalmente, dois professores com habilidades e conhecimentos distintos, unem-se para a realização de um trabalho sistematizado, com funções previamente definidas para ensinar grupos diversificados, tanto em questões acadêmicas quanto em questões comportamentais, em cenários inclusivos. Ambos compartilham a responsabilidade de planejar e de implementar o ensino e a disciplina dentro da sala de aula.

Assim, "o trabalho colaborativo efetivo requer compromisso, apoio mútuo, respeito, flexibilidade e uma partilha dos saberes" (CAPELLINI; ZANATA; PEREIRA, 2012, p.17). No trabalho colaborativo não há hierarquia de saberes ou de profissionais, cada professor envolvido pode aprender e beneficiar-se dos saberes compartilhados, sendo o estudante, o maior favorecido nesse processo.

A construção de um trabalho colaborativo no qual dois professores diferentes dividirão o mesmo espaço – a sala de aula – não é tarefa fácil, principalmente porque a cultura escolar sempre os separou e sempre promoveu o trabalho individualizado de cada profissional. No Ensino Colaborativo, a sala de aula já não será mais local de trabalho de um único professor, a "minha classe" se transformará na "nossa" classe, e os "meus" alunos serão "nossos" alunos.

> Para superar os medos inevitáveis e tensões associadas com a mudança, os educadores precisam sentir-se envolvidos e responsáveis pela transformação e perceber que seu sucesso ou fracasso está diretamente relacionado com eles. A colaboração deve oferecer a oportunidade para ampliar o conhecimento especializado dos educadores envolvidos que tiveram formação e experiências diferentes (CAPELLINI; ZANATA; PEREIRA, 2012, p. 20).

No Ensino Colaborativo cada profissional deve ter bastante clareza do seu papel e da sua responsabilidade em sala de aula. Como compartilharão um objetivo único, a promoção do aprendizado para todos os estudantes em uma única sala de aula, ora seus papéis se mesclarão ora serão específicos. Organizamos no quadro a seguir, baseado em French (2002), alguns desses papéis:

QUADRO 1: Papéis e responsabilidades no Ensino Colaborativo.

Professor do ensino comum	Professores especialistas	Os dois professores
Apresentar ao professor especialista o currículo do ensino geral para a turma.	Desenvolver possíveis adaptações, recursos e estratégias para apresentação dese currículo à turma.	Avaliar o currículo e o que pode ser modificado/adaptado para o melhor desenvolvimento do ensino aos estudantes.
Planejar atividades e aulas gerais.	Planejar os objetivos individuais do aluno PAEE e criar estratégias diferenciadas para o desenvolvimento dessas aulas.	Avaliar e rever, quando necessário, o desenvolvimento das aulas/estratégias utilizadas para o ensino do conteúdo e aprendizado dos estudantes.
Incorporar as adaptações dentro dos conteúdos/unidades do currículo escolar, discutindo essas orientações.	Prescrever adaptações necessárias para os alunos e discutir as orientações com o professor da sala comum.	Discutir as diferentes possibilidades de desenvolver um mesmo conteúdo para o acesso ao aprendizado de todos.
Preparar a turma para receber o segundo professor da classe e esclarecer o papel de cada um dentro da sala de aula.	Apresentar-se à turma e esclarecer o seu papel em sala de aula.	Apresentar e discutir com a equipe escolar o papel de cada profissional, numa escola que quer se tornar inclusiva.

Professor do ensino comum	Professores especialistas	Os dois professores
Construir juntos aos alunos os combinados da sala de aula.	Conhecer os combinados da sala de aula para também realizá-los.	Decidir as formas de manejo da sala de aula para que um professor não desautorize o outro em relação aos combinados da sala (horário de ir ao banheiro, sair da sala, levantar, etc.).
Avaliar o progresso acadêmico e individual da turma, incluindo o dos estudantes PAEE.	Avaliar o progresso individual do estudante PAEE.	Conversar com as famílias sobre o desenvolvimento dos estudantes e buscar parcerias tanto com as famílias e/ ou outros profissionais, para a promoção de um aprendizado mais efetivo a todos os estudantes.

Adaptado de French, (2002).

Para que se garanta tempo aos professores de planejarem, discutirem e elaborarem estratégias de ensino que permitam a todos os estudantes acesso e aprendizado de conteúdos e habilidades, os gestores têm um papel de liderança extremamente importante, para facilitar e apoiar essa empreitada. E é o papel da equipe gestora que aprofundaremos no item a seguir.

Antes, porém, de adentrar esse assunto, é importante ressaltar que um currículo sequenciado, padronizado e frequentemente transmitido pelos professores da mesma forma, por meio de livros didáticos, nem sempre de qualidade, preenchendo repetidas folhas de atividades, memorizando de maneira mecânica conceitos e habilidades essenciais às disciplinas, leva, na maioria dos casos, ao fracasso no aprendizado (STAINBACK; STAINBACK, 1999). Crianças que não conseguem aprender o currículo por meio desse tipo de abordagem, que não se encaixam nessa fôrma, foram e ainda são excluídas e consideradas estudantes que não aprendem, devido aos problemas de aprendizagem centrados no próprio indivíduo, responsabilizando a falha do ensino a uma dificuldade do estudante, e não uma barreira do próprio sistema de ensino. Felizmente, o movimento pela escola inclusiva e as falhas apresentadas por esse currículo engessado vêm mudando a visão dos profissionais e encorajando os professores a refletirem e a transformarem suas práticas (STAINBACK; STAINBACK, 1999).

Uma escola inclusiva reconhece o estudante como o centro da aprendizagem e o ensino é construído a partir de suas potencialidades, e não nas suas dificuldades. Da mesma forma, se admite que cada indivíduo é único e aprende de formas variadas e em ritmos distintos. Uma escola, que visa incluir a todos, enxerga as barreiras que impedem o aprendizado de todos e busca soluções para eliminá-las. Por isso, a relevância da escola se reestruturar e dos profissionais reverem o que é importante ensinar (currículo), discutirem como deve ser ensinado (as estratégias e recursos) e para quê deve ser ensinado (atividades e projetos significativos para a vida real, que façam sentido para o estudante).

O Ensino Colaborativo pressupõe oportunidades para o desenvolvimento de um currículo não padronizado e de um processo de ensino que requer uma mudança radical nas práticas educativas ministradas na escola regular. Por isso, motivação, compromisso pessoal e participação voluntária são ingredientes importantes para o sucesso do Ensino Colaborativo e da escola que quer se tornar, ou que se diz inclusiva.

É importante reforçar que a equipe gestora é imprescindível para a efetivação desse processo, pois ela é ponte para viabili-

zação das necessárias ações para o planejamento e execução de práticas inclusivas. Então, como deve ser o papel de diretores, vice-diretores e coordenadores em relação à escola inclusiva e ao Ensino Colaborativo?

4.2 O apoio da gestão escolar no Ensino Colaborativo

Uma das dificuldades para tornar o Ensino Colaborativo um trabalho efetivo, enquanto serviço de apoio especializado à inclusão escolar é a falta de suporte administrativo da equipe que gere a escola e da equipe gestora do sistema educacional de um determinado contexto. Todos os profissionais que trabalham no sistema de ensino, incluindo a gestão administrativa, devem ter clareza dos princípios da educação inclusiva e estarem de acordo para colocá-los em prática, caso contrário, é inevitável o fracasso da escolarização dos alunos PAEE, podendo ocorrer uma destruição em cadeia que se inicia no topo da pirâmide escolar, ou seja, surgiria uma não ação e retirada de responsabilidade da gestão do sistema educacional e, por consequência, um não comprometimento de profissionais, dos professores e funcionários. Por isso, vários aspectos dependem da atuação da gestão escolar para a efetivação do Ensino Colaborativo.

Quando os professores não aderem ou resistem a conhecer a proposta de trabalho em colaboração, geram um desafio muito maior para colocá-lo em prática. A equipe administrativa, que entender esse trabalho como uma forma a mais de contribuir para o sucesso da inclusão escolar, deve encorajar seus professores a optarem pelo trabalho em colaboração e oferecer-lhes possibilidades para perceberem que esse pode ser um meio eficaz de se tornarem melhores em sua própria função. Por isso, a construção de uma cultura colaborativa na escola acontece a longo prazo e por meio da determinação de todos os atores envolvidos no processo educacional – gestores do sistema (municipal, estadual ou federal) das redes de educação, gestores escolares (diretores, vice-diretores, coordenadores), professores, demais profissionais, família e os próprios estudantes. O Ensino Colaborativo tem que estar institucionalizado nos documentos oficiais da educação, para que se garanta o direito do serviço de apoio aos estudantes PAEE e não se caia no risco de acontecer apenas em momentos eventuais, ou pela boa vontade dos profissionais em trabalhar em conjunto.

A falta de tempo para planejamento em comum também inviabiliza o Ensino Colaborativo como já discutido anteriormente. Segundo Lehr (1999), quando o Ensino Colaborativo não é prioritário para a gestão escolar, não existe a viabilidade para o planejamento. Os professores que visam trabalhar nessa proposta, sem tempo, acabam trabalhando superficialmente em planejamentos que acontecem fora do espaço escolar, e quando possível. Esse planejamento acaba se limitando a preparações superficiais do Ensino Colaborativo ou de um trabalho individual. O relato abaixo de um vice-diretor de uma escola de ensino fundamental mostra sua preocupação sobre a importância do planejamento conjunto do professor da educação comum e especial (ZERBATO, 2014, p. 85).

> Nem sempre eles (professor do ensino comum e especial) fazem o planejamento juntos, aliás, na maioria das vezes, não.

> No início do ano, no planejamento geral até dá para sentar e pensar alguma coisa, mas o problema não está em sentar e pensar, o problema está no tempo. A dinâmica do planejamento anual é muito corrida, então nem sempre sobra tempo para, de fato, sentar e pensar o planejamento daquele aluno. O que falta constar nesses planejamentos são as ações e metas para esse aluno PAEE, como atingir os objetivos, como ajudá-lo a desenvolver habilidades e competências.

Outro entrave para a efetivação do Ensino Colaborativo, já pontuado algumas vezes no presente guia, é a ausência de formação continuada dos professores. A formação baseada em práticas colaborativas é necessária e precisa ter prioridade dentre os inúmeros cursos oferecidos ou criados para os profissionais da educação. Os gestores podem ser a peça principal para a promoção desses cursos em suas escolas, fomentando a promoção de formações continuadas que abordem o trabalho em colaboração na perspectiva da Educação Especial na educação inclusiva. Lehr (1999) apresentou sugestões aos administradores de escolas regulares para o desenvolvimento e suporte ao Ensino Colaborativo:

> 1. Tratar o Ensino Colaborativo como uma oportunidade de crescimento profissional.
> 2. Encorajar os professores a trabalharem colaborativamente.
> 3. Dar aos professores tempo adequado para o planejamento colaborativo.
> 4. Fornecer experiências de treinamento apropriado para preparar os professores para a colaboração.
> 5. Fazer do Ensino Colaborativo uma visão altamente característica do programa acadêmico da escola (LEHR, 1999, p.5).

A divulgação de experiências exitosas do Ensino Colaborativo, enquanto estratégia de apoio especializado para a inclusão escolar também é fundamental, pois muitos profissionais não têm conhecimento sobre o que é o Ensino Colaborativo nem conhecem modelos para se embasar e motivar.

Por isso, a criação de espaços formativos, para os professores compartilharem suas experiências de sucesso, nessa proposta de trabalho, torna-se relevante, para envolver outros profissionais que desconhecem ou resistem a trabalhar em colaboração. Ademais, é importante encontros de pais e professores e reuniões com a comunidade em geral, para conscientizar a população sobre as vantagens do Ensino Colaborativo e para dar suporte a sua institucionalização na escola. Mas esta ação somente é possível por meio do apoio da equipe gestora.

CAPÍTULO 5

AS EXPERIÊNCIAS DO ENSINO COLABORATIVO NO BRASIL

É certo que nenhum curso de formação inicial ou continuada dê conta de abarcar todos os conhecimentos necessários para tornar-se um professor apto a ensinar com qualidade todos os estudantes. É nesse sentido que o Ensino Colaborativo se torna uma proposta de trabalho muito interessante e favorável ao sucesso da escolarização de alunos PAEE. E sabe por quê? Porque o Ensino Colaborativo funciona por meio da parceria entre dois profissionais, o professor do ensino comum – que tem experiência

sobre a sala de aula, conhecimento sobre os conteúdos e currículo específicos – e o professor de Educação Especial, que possui o conhecimento especializado sobre as pessoas com deficiência, transtornos globais do desenvolvimento, altas habilidades ou superdotação, além de entender sobre estratégias diferenciadas, adaptação de atividades e materiais e avaliação dos recursos necessários, para dar acesso ao aprendizado para o aluno em sala de aula.

A troca e a soma de conhecimentos entre esses dois profissionais podem ser de extrema relevância para o sucesso e aprendizado, tanto para os alunos PAEE como para os demais alunos da sala de aula comum. Ele vem acontecendo em algumas regiões do país, ainda de maneira tímida, às vezes, com o foco na pesquisa, outras como formato de estágio na graduação e pós-graduação de cursos de Educação Especial e, outras vezes ainda, como estratégias e metas de algumas secretarias municipais de educação.

Professores de Educação Especial não vão às escolas para orientar, criticar ou ensinar o que os outros devem fazer, mas sim para participarem de um processo em que se pretende contribuir e aprender junto. Nesse momento, apresentaremos experiências de sucesso do Ensino Colaborativo e revisaremos estudos que embasam essa proposta, para melhor entender os limites e possibilidades deste formato de trabalho.

5.1 Ensino Colaborativo em evidência

No Programa de Pós-Graduação em Educação Especial (PPGEEs), da Universidade federal de São Carlos (UFSCar), a disciplina "Tópicos de Pesquisa em Educação Especial: Inclusão Escolar e Ensino Colaborativo", ministrada desde 2005, e a disciplina "Ensino Colaborativo", ofertada aos alunos do curso de Licenciatura em Educação Especial desde 2010, têm buscado discutir os fundamentos teóricos e práticos sobre o Ensino Colaborativo, como alternativa de prestação de serviços em contexto inclusivo. No curso de pós-graduação, a disciplina assumiu o caráter de formação continuada, dado que muitos alunos já eram profissionais, embora estivessem em programa de formação para pesquisadores. Também era abordado como a literatura investigava o tema, com ênfase nos formatos de pesquisa colaborativa e na pesquisa-ação colaborativa.

No caso da graduação em Licenciatura em Educação Especial, a disciplina assume o caráter de formação inicial para os futuros professores de Educação Especial, sendo o conteúdo da disciplina mais teórico, considerando-se que os alunos irão ter oportunidades de experimentar a atuação no Ensino Colaborativo, quando estiverem no início dos estágios, ou seja, no semestre seguinte àquele em que se oferta a disciplina de Ensino Colaborativo, no segundo ano do curso. Na pós-graduação a carga horária era dobrada (oito créditos) e incluía um componente prático, em que os estudantes, que eram profissionais de distintas áreas, tinham a oportunidade de vivenciar a realidade da escolarização das pessoas PAEE, numa classe comum do ensino regular e também de desenvolver, junto com o professor dessa classe, estratégias específicas, sob a perspectiva do Ensino Colaborativo.

Na parte prática ou nos estágios, os alunos frequentavam semanalmente a sala de aula do professor parceiro e deveriam negociar seus papéis. Dado o caráter voluntário da parceria, os professores deveriam desejar a presença do estudante em sua sala e, para que o trabalho atingisse o estágio de colaboração, eles precisavam querer produzir mudanças no seu ensino, de modo a melhorar a aprendizagem de todos os alunos. Entretanto, apesar da existência desse requisito, cumpre ressaltar que a natureza do trabalho colaborativo nem sempre era compreendida pelos professores do ensino comum desde o princípio, pois, em geral, eles tinham a expectativa de que o estudante de Educação Especial ingressaria em sua sala para fazer um trabalho paralelo com o aluno PAEE. Esse fato obrigava os estudantes a renegociarem continuamente a proposta do Ensino Colaborativo e esclarecerem que o apoio era para o professor da turma, e não exclusivo para determinados alunos. A proposta da disciplina era a de oportunizar a aprendizagem sobre esse novo formato de prestação de serviços de apoio e de desenvolver habilidades de colaboração nos estudantes. Nas supervisões coletivas, o foco era o de proporcionar um ambiente colaborativo, no qual todos os estudantes que vivenciavam a experiência do Ensino Colaborativo partilhavam seus sucessos e fracassos.

Nesse contexto de formação, o foco tinha sido nas análises das habilidades de comunicação e das habilidades interpessoais dos estagiários para lidarem com seus professores parceiros, em como vencer resistências à colaboração e identificar sugestões para adequação do ensino que pudessem ser levadas para a escola. Assim, surgiram diversos trabalhos acadêmicos que puderam mostrar a prática o Ensino Colaborativo e divulgá-lo, enquanto serviço de apoio que favorece a escolarização dos alunos PAEE. Abaixo, seguem alguns exemplos dos pesquisadores participantes do Grupo de Pesquisa Formação e Recursos Humanos para a Educação Especial (GP-Foreesp) da UFSCar.

O estudo de Zanata (2004) consistiu na implementação e avaliação de um programa de formação continuada sobre Ensino Colaborativo, para o professor de ensino comum, com o objetivo de torná-lo mais autônomo e construir práticas pedagógicas mais efetivas e adequadas às necessidades dos alunos. A pesquisadora atuou como colaboradora em três salas diferentes que tinham um aluno surdo inserido em suas turmas. Após as intervenções colaborativas foram coletadas as opiniões dos professores sobre as atividades desenvolvidas.

Os resultados apontaram que, quando se estabelece um ambiente colaborativo entre professor de ensino comum e professor de Educação Especial, muitas são as possibilidades de ação e reflexão para se atingir um objetivo comum. É relevante ressaltar que os professores identificaram que as estratégias implementadas beneficiaram todos os alunos da sala de aula, e não, apenas o aluno-alvo.

A pesquisa de Capellini (2004) teve como objetivo verificar as implicações do Ensino Colaborativo em duas escolas de Ensino Fundamental, envolvendo quatro turmas de 1ª a 4ª séries (como eram denominadas na época), nas quais estavam inseridos seis alunos com deficiência intelectual. A intervenção baseava-se no estabelecimento de uma parceria com o apoio sistemático do professor de Educação Especial dentro da sala de aula ao professor de ensino comum, em alguns dias da semana, além da realização de atividades extraclasse, que incluíam tempo para planejamento, reflexão sobre a prática, reuniões com os familiares, reuniões com os demais profissionais da escola e estudos dirigidos. As intervenções tiveram duração de um semestre a um ano em cada turma, totalizando dois anos de acompanhamento nas quatro turmas. Os resultados obtidos mostraram que a proposta do Ensino Colaborativo foi positiva tanto para os alunos, que apresentaram evolução no desempenho acadêmico, como para o desenvolvimento pessoal e profissional dos professores envolvidos.

Lourenço (2012) realizou uma pesquisa com o objetivo de avaliar os efeitos de um programa de formação de profissionais visando à implementação de recursos de alta tecnologia assistiva para favorecer o processo de escolarização de alunos com paralisia cerebral. Para isso, desenvolveu uma proposta de trabalho colaborativa, envolvendo o desenvolvimento de um programa de formação, sua execução junto à equipe de profissionais de uma escola especial de um município do interior paulista e avaliação desse programa. Os resultados indicaram que o programa desenvolvido foi positivo, pois promoveu a formação dos envolvidos para uso desses recursos, e o aspecto mais valorizado pelos participantes foi o papel da colaboração entre os profissionais e a pesquisadora.

O estudo de Rabelo (2012) teve como objetivo analisar as potencialidades e os limites dessa experiência na formação continuada de professores, baseada no Ensino Colaborativo, com profissionais que atuavam no ensino comum e ensino especial.

Participaram da pesquisa, além da própria pesquisadora: duas professoras de ensino comum, duas estagiárias, cinco professoras de Educação Especial, que atuavam em SRM, e três alunos com autismo. Os resultados mostraram que o desenvolvimento de experiências de Ensino Colaborativo trouxe contribuições à formação continuada das professoras participantes, favorecendo a construção de práticas pedagógicas inclusivas para seus alunos com autismo.

O estudo de Vilaronga (2014) surgiu da parceria entre a UFSCar e a rede municipal de São Carlos. Após quase dez anos de experiência com os estagiários, atuando como colaboradores de professores do ensino comum para apoiar a escolarização, a rede municipal decidiu instituir oficialmente uma experiência, contratando professores de ensino especial para atuar no modelo do Ensino Colaborativo. A intenção da rede era a de diversificar os serviços de apoio para além da oferta do atendimento educacional especializado, em salas de recursos multifuncionais, oferecendo também o Ensino Colaborativo. Para desenvolver essa proposta experimental, a rede municipal buscou apoio dos pesquisadores da UFSCar e foi daí que surgiu a iniciativa de investigar como construir propostas de colaboração nas práticas pedagógicas do professor da Educação Especial, na sala de aula comum da escola regular.

Zerbato (2014), dando continuidade ao estudo acima, realizou uma pesquisa no mesmo município, que havia implementado em 2011 o serviço de apoio baseado na proposta do Ensino Colaborativo, e teve como objetivo definir o papel do professor de Educação especial, baseada na proposta do Ensino Colaborativo, segundo a ótica dos vários atores ouvidos no processo da inclusão escolar, a saber, professores de ensino comum, professores de Educação Especial, coordenadores, diretores, vice-diretores, pais e alunos. Os resultados apresentados apontaram os desafios da docência para alunos PAEE em salas de aula comum, as percepções dos atores sobre o Ensino Colaborativo, as formas de como esse modelo de trabalho era desenvolvido naquela realidade e como esses atores definiam o papel do professor de Educação Especial e do professor de ensino comum na proposta do Ensino Colaborativo. Os dados em geral corroboraram o que vem sendo apontado na literatura sobre a temática, pois os participantes avaliaram positivamente esse modelo de prestação de serviços.

O estudo de Silva (2018) analisou uma experiência formativa de fomento à colaboração entre professores da Educação Especial e da classe comum, em direção ao modelo de Ensino Colaborativo, para promover a inclusão escolar do aluno PAEE. A pesquisa ocorreu em um município paraense com 25 professores da Educação Especial, tendo como base a pesquisa qualitativa, colaborativa. Assim, ocorreram momentos de intervenção formativa destinada aos professores da Educação Especial e assessoria nas escolas que aceitaram implementar o projeto piloto, junto à participação dos professores da classe comum.

Percebeu-se que a colaboração entre os professores foi construída por meio das pequenas relações: momento do café, da atividade nas salas comum/recursos/professores e no planejar de atividades do dia a dia, principalmente quando começaram a se apropriar de conhecimentos específicos sobre os modelos de apoio, incluindo o Ensino Colaborativo, pois se sentiram motivados a promover a troca de conhecimentos com o professor da classe comum e a pensar sobre como poderiam colocar em prática mais esta estratégia. Concluiu-se que as parcerias entre os professores da Educação Especial e os da classe comum precisavam ser mais fortalecidas, fosse pela ação diária de entrosamento, fosse pela percepção da necessidade de ambos, pois precisavam unir forças para auxiliar os estudantes PAEE e, consequentemente, toda a turma. Assim, quanto aos resultados, verificou-se o início de uma prática colaborativa entre alguns professores da Educação Especial e da classe comum, no sentido de viabilizar ações na linha da colaboração no município, em consonância com a gestão e coordenação pedagógica.

Essas e várias outras experiências, pesquisas e conhecimentos que vêm sendo produzidos sobre a proposta do Ensino Colaborativo nas escolas brasileiras corroboram a necessidade de uma redefinição de papéis dos professores de Educação Especial, como apoio centrado na classe comum, e não somente em serviços que atendam aos alunos no período inverso de sua escolarização para complementar ou suplementar seus estudos. Então, vamos praticar?

PARA NÃO CONCLUIR, POIS CADA SISTEMA EDUCACIONAL PRECISA ENCONTRAR SEU CAMINHO

> Na sala de recursos você não sabe o que acontece em sala de aula, você não vê o contexto do aluno, você não vê as necessidades reais do professor, já no Ensino Colaborativo sim. Por exemplo: vem uma demanda, temos um aluno PAEE na sala regular, ele é encaminhado para o professor de Educação Especial e começa a frequentar a sala de recursos. Se ficarmos somente nisso, você não vê o contexto real dele, nem as necessidades do professor da classe comum. Em contrapartida, no ensino colaborativo sim, você vê as necessidades do professor e a necessidade do aluno naquele momento.
>
> Relato de um Professor de Educação Especial de uma Sala de Recursos que experienciou o Ensino Colaborativo (ZERBATO, 2014, p.85).

O Ensino Colaborativo é uma alternativa de serviço de apoio que favorece o aprendizado dos estudantes PAEE e vai ao encontro dos princípios inclusivos da educação, podendo ser viável e efetivo tanto no Brasil como em outros países, porém, para sua efetivação, é necessária a implementação de políticas públicas e investimento em recursos que deem suporte para o desenvolvimento do trabalho do professor de Educação Especial atuar em conjunto com o professor da classe comum, ao contrário da política nacional atual que não prevê outra possibilidade de atuação do professor de Educação Especial que não seja o AEE em SRM, no contraturno

Um fator relevante para o sucesso e implementação do Ensino Colaborativo é garantir suportes para o trabalho dos dois professores, mas, como contribuir para o fortalecimento desse trabalho dentro das escolas regulares se o local de atuação do professor de Educação Especial e todo recurso disponível são normalmente alocados para a implementação de SRMs, ocasionando um distanciamento entre professor de ensino comum e da Educação Especial? Como favorecer o acesso ao currículo para o aluno PAEE se esses dois profissionais, professor de ensino comum e Educação Especial, trabalham em períodos opostos?

O Ensino Colaborativo, como uma alternativa de serviço de apoio especializado à escolarização dos estudantes PAEE, exige mudanças estruturais de longo e médio prazo, dentro da organização do ensino das escolas comuns e tempo para a construção do trabalho, mas exige, acima de tudo, mudanças no direcionamento das políticas públicas para atuação do professor de Educação Especial no Ensino Colaborativo.

Juntamente a essas mudanças, deve-se pensar em fornecer formação inicial e continuada de qualidade aos profissionais da educação geral e especializada, para que tenham clareza dos papéis e responsabilidades de cada ator na inclusão escolar. O professor de Educação Especial não está em sala de aula para ser auxiliar, cuidador ou monitor de um aluno em específico, muito menos para encontrar soluções para todos os problemas do ensino. Tanto o professor de ensino comum como professor de Educação Especial são partes de um processo que visa um propósito único: o acesso ao currículo e à aprendizagem de todos, por meio de diferentes práticas pedagógicas para se alcançar tal objetivo.

O que torna o Ensino Colaborativo um serviço de apoio favorável à escolarização de alunos PAEE é a presença do professor de Educação Especial e sua participação, na situação real de ensino em sala de aula, seu envolvimento com o currículo que está sendo trabalho naquele cotidiano, além da possibilidade de planejar, junto ao professor de ensino comum, a partir daquele currículo, e não de qualquer atividade improvisada que estaria desconectada da realidade da sala de aula. Quando a responsabilidade de ensinar um grupo de estudantes é compartilhada e a decisão por repensar e colocar em prática novas estratégias, em sala de aula, para o favorecimento da aprendizagem do estudante PAEE, os demais estudantes da turma também se beneficiam com a utilização de diferentes estratégias e materiais.

O trabalho em conjunto do professor especialista em Educação Especial com o professor de ensino comum possibilita o contato direto com o currículo escolar e, como esse é trabalhado em situação real, favorece a elaboração de estratégias e recursos diferenciados, para que o estudante PAEE e os demais se apropriem daquele conhecimento, ao contrário do trabalho separado nas SRMs que distancia essa conexão com o conhecimento da sala de aula.

Estar em sala de aula e pensar junto com o professor de ensino comum, como favorecer o acesso e aprendizado do currículo a todos os alunos só é possível por meio do Ensino Colaborativo. Essa atuação no contexto real de aprendizagem do estudante PAAE é distinta do mero contato com o planejamento elaborado no papel. Esse, apenas significa uma expectativa do que irá acontecer. Por isso, o cotidiano da sala de aula é um dos elementos fundamentais para dar pistas de quais intervenções pedagógicas podem ser elaboradas e são mais interessantes para o sucesso na aprendizagem dos estudantes em todos os níveis de ensino.

O Ensino Colaborativo é uma alternativa de serviço de apoio especializado promissor para o sucesso do aprendizado e acesso ao currículo aos estudantes PAEE. Apesar das dificuldades encontradas para se implementar um trabalho de colaboração – cultura colaborativa ausente, falta de tempo para planejamento em conjunto, entre outras – estudos que relataram a experiência do trabalho em colaboração, apontaram-no como uma proposta de trabalho positiva para se repensar o ensino dos estudantes PAEE, em sala de aula do ensino comum, na perspectiva da Educação Inclusiva.

A divulgação acadêmica dessas experiências exitosas e a chegada dos estudantes PAEE a níveis mais altos de escolarização têm impulsionado os sistemas de ensino a repensarem a organização da sua estrutura escolar e a fomentar a presença do professor de Educação Especial, também em escolas de ensino médio, técnico e de ensino superior.

Consequentemente, a discussão sobre o papel e atuação desse profissional para favorecimento da participação e aprendizagem dos estudantes PAEE também é colocada em pauta. Alguns institutos federais de educação no Brasil, por exemplo, vêm garantindo a presença de professores de Educação Especial em suas redes de ensino e esses profissionais têm buscado a construção de um trabalho colaborativo com os professores das disciplinas comuns, pois o reconhecem como meio mais eficaz de possibilitar o sucesso da escolarização dos estudantes PAEE matriculados (ZERBATO; OLIVEIRA, 2018).

Esperamos que esse guia seja apenas o estímulo inicial para a abertura ao diálogo entre os profissionais da inclusão escolar os serviços de apoio especializados, presentes atualmente nas escolas de ensino comum, bem como, contribua para ampliação do conhecimento de possíveis alternativas de trabalho que visam à construção de práticas mais inclusivas na escola comum por meio do Ensino Colaborativo.

É importante que fique claro, que as sugestões e possibilidades aqui apresentadas não são receitas prontas e acabadas. Não há regras predefinidas e cada ambiente educacional terá suas próprias pistas de como melhor implementar o Ensino Colaborativo, para atender as demandas daquele contexto. O que se procurou demonstrar foram algumas possibilidades mais assertivas para cumprirmos com o compromisso do acesso, permanência e qualidade do ensino ao estudante PAEE em classe comum.

Acreditamos que o Ensino Colaborativo, na perspectiva da inclusão escolar, pode contribuir para que as escolas encontrem outras formas de organizar e desenvolver o trabalho pedagógico, pois as práticas atuais não têm sido eficazes, nem para alunos sem deficiência.

DÚVIDAS? PERGUNTAS E RESPOSTAS SOBRE O ENSINO COLABORATIVO

1 No Ensino Colaborativo, o professor de Educação Especial fica o tempo todo em sala de aula?

Resposta: A realidade escolar brasileira pressupõe a presença de um, ou no máximo dois, professores de Educação Especial por escola, quando essa figura existe. Em função disso, para o professor de Educação Especial, que atua na proposta do Ensino Colaborativo, o tempo em sala de aula será organizado de acordo com as demandas que o ambiente escolar lhe oferecerá.

Essa tomada de decisão pode ser realizada em conjunto com o(s) professor(es) do ensino comum com quem ele trabalhará, com apoio da coordenação. A proposta do Ensino Colaborativo é que o professor de Educação Especial não fique durante o tempo todo em sala de aula, pois possivelmente ele terá outras atribuições relacionadas ao seu cargo. Além disso, quando professor da classe comum trabalha em colaboração com professor de Educação Especial, o processo de formação e o aprendizado acontecem simultaneamente em sala de aula e o profissional das disciplinas comuns aprende a realizar práticas inclusivas, mesmo quando o professor de Educação Especial não está presente.

2 O professor de Educação Especial, no Ensino Colaborativo, deve realizar as atividades avaliativas com o estudante PAEE, em espaços e momentos diferenciados do restante da turma?

Resposta: No Ensino Colaborativo as tomadas de decisão, em relação a todas as atividades realizadas pelo estudante PAEE, devem ser tomadas em conjunto, considerando o que for mais positivo para o aprendizado do estudante. Por isso, há que se tomar muito cuidado quando a atividade do estudante PAEE é realizada fora da sala de aula, e em outro momento, pois essa ação pode caracterizar um sentimento de exclusão pelo próprio estudante-alvo, como pelos os demais, que podem não entender o motivo de serem separados para realizar as atividades avaliativas. Assim, os momentos de avaliação devem ser planejados previamente, para que não se tomem decisões equivocadas. Cada contexto e cada estudante apontará uma solução. Por exemplo: caso o estudante necessite de um ledor para a avaliação e for verificado que esse fato incomodaria o restante da turma, pode-se optar para que o estudante-alvo realize a atividade em outro espaço, desde que essa tomada de decisão tenha sido acordada com a turma conjuntamente com o estudante-alvo. O ideal é que, assim como as demais atividades realizadas em classe, as avaliações também sejam realizadas no mesmo momento e no mesmo espaço, para que não se sintam diferenciados. Porém, cada caso necessitará de planejamento anterior, para que não cause desconfortos entre os estudantes da turma.

3 No Ensino Colaborativo, o professor de Educação Especial é quem produz os materiais adaptados?

Resposta: No Ensino Colaborativo cada professor soma ao processo de ensino-aprendizagem, pois cada profissional possui uma especialidade, um conhecimento. Quem está apto para produção de materiais adaptados é o professor de Educação Especial, mas nada impede que os dois professores planejem e elaborem juntos, os materiais adaptados para toda a turma.

4 Os materiais disponíveis nas SRMs podem ser utilizados em sala de aula pelo professor de Educação Especial para realização do trabalho colaborativo?

Resposta: Se a implantação das SRMs, nas escolas comuns da rede pública de ensino, tem o objetivo "de promover as condições de acesso, participação e aprendizagem dos alunos Público-Alvo da

Educação Especial no ensino regular" (BRASIL, 2010, p.3), quando avaliado que esses recursos são importantes para o aprendizado que está acontecendo em sala de aula, entende-se que é relevante que os mesmos sejam levados também para a classe comum, pois o objetivo comum da inclusão escolar é possibilitar a escolarização dos estudantes PAEE.

Ressalta-se, portanto, que assim como as demais decisões sobre o ato de ensinar, essa também deve ser tomada conjuntamente entre os profissionais, para que se tenha clareza de como o recurso levado à sala de aula será usado e como contribuirá para o ensino e aprendizado do estudante.

5 Os materiais adaptados pelo professor de Educação Especial para o ensino do estudante PAEE, podem ser utilizados pelos demais estudantes da turma?

Resposta: Certamente poderão ser utilizados por todos. Há evidências, em vários estudos e relatos de experiência (ALMEIDA; GONÇALVES, 2016; ZERBATO, 2018), que os materiais confeccionados para o ensino dos estudantes PAEE em salas de aula comum beneficiam os demais na aprendizagem de conceitos e/ou conhecimentos.

6 Na proposta do Ensino Colaborativo o professor de Educação Especial participa dos conselhos de classe?

Resposta: Sim. Na proposta do Ensino Colaborativo os dois professores, da classe comum e da educação especial, são responsáveis pela turma, portanto, devem estar presentes nos momentos de conselho de classe.

REFERÊNCIAS

ALMEIDA, R. C. G. O.; GONÇALVES, A. G. Parceria entre professoras do Ensino regular e da Sala de Recursos Multifuncionais na Inclusão Escolar de Aluno com paralisia Cerebral. Anais do I Congresso Internacional de Educação Especial e Inclusiva e 13ª Jornada de Educação Especial. *Anais...* UNESP-Marília. 2016.

ANJOS, H. P.; CAMPELO, C. S. Perfil das salas de recursos: Construindo uma leitura acerca das políticas recentes para a inclusão escolar. *Revista do Programa de Pós-Graduação em educação*, v. 7, n. 11, p. 83-95, 2013.

ARGUELLES, M. E.; HUGHES, M. T.; SCHUMM, J. S. Co-Teaching: A Different Approach to Inclusion. *Principal Reston*, v. 79, n. 4, p. 48-50, 2000.

BRASIL. *Constituição da República Federativa do Brasil.* Brasília: Supremo Tribunal Federal. Secretaria de Documentação, 2017. 514 p. Disponível em: http://www.planalto.gov.br/ccivil_03/constituicao/constituicao.htm. Acesso em: 4 out. 2018.

_________. *Declaração Mundial sobre Educação para Todos:* satisfação das necessidades básicas de aprendizagem. Jomtien, Tailândia: UNESCO. 1990. Disponível em: http://unesdoc.unesco.org/images/0008/000862/086291por.pdf. Acesso em: 14 out. 2017.

________. Congresso Nacional. Lei n. 9.394, de 20 de dezembro de 1996. *Diário Oficial da União*, n. 248, de 23/12/96 – Seção I, p. 27833. Brasília, 1996.

_________ Parâmetros Curriculares Nacionais. Adaptações Curriculares. *Estratégias para Educação de alunos com necessidades educacionais especiais.* Brasília: MEC/SEESP, 1998.

_________. Conselho Nacional de Educação. Câmara de Educação Básica. Resolução CNE/CEB 2/2001. Diretrizes nacionais para a educação especial na educação básica. *Diário Oficial da União.* Brasília, 14 de setembro de 2001. Seção 1E, p. 39-40. Disponível em: http://portal.mec.gov.br/cne/arquivos/pdf/CEB0201.pdf. Acesso em: 5 abr. 2017.

__________. *Política de Educação Especial na Perspectiva da Educação Inclusiva.* Ministério da Educação – MEC/SEESP. Brasília - DF, 7 de janeiro de 2008. Disponível em: http://portal.mec.gov.br/arquivos/pdf/politicaeducespecial.pdf. Acesso em: 9 abr. 2016.

________. Ministério de Educação. Secretaria de Educação Especial. *Manual de Orientação e implantação de Salas de Recursos Multifuncionais.* Brasília: DF, 2010.

__________. Presidência da República. Casa Civil. *Decreto nº 7611*, de 17 de novembro de 2011. Brasília: DF, 2011.

_______. Presidência da República. Casa Civil. *Lei 13.146*, de 6 de julho de 2015. Institui A lei Brasileira de Inclusão da Pessoa com Deficiência (Estatuto da Pessoa com Deficiência). Brasília: DF, 2015. Disponível em: http://www.planalto.gov.br/ccivil_03/_Ato2015-2018/2015/Lei/L13146.htm Acesso em: 17 mai. 2017.

CAPELLINI, V. L. M. F. Avaliação das possibilidades do ensino colaborativo no processo de inclusão escolar do aluno com deficiência mental. 300f. 2004. Tese (Doutorado). Programa de Pós-Graduação em Educação Especial da Universidade Federal de São Carlos, São Carlos, SP.

________. *Adaptações escolares na inclusão escolar: contrastes e semelhanças entre dois países.* 1 ed. Curitiba: Appris, 2018. 273 p.

__________; ZANATA, E. M.; PEREIRA, V. A. Ensino Colaborativo. In: CAPELLINI, V. L. M. F.; RODRIGUES, O. M. P. R. (Org.). *Recursos e estratégias pedagógicas que favorecem a inclusão escolar.* MEC/SECADI: 2012.

CONDERMAN, G.; BRESNAHAN, V.; PEDERSEN, T. *Purposeful co-teaching: real cases and effectives strategies*. Corwin Press, Thousand Oaks: Califórnia, 2009.

CROCHÍK, J. L. Educação inclusiva e o preconceito: Desafios para a prática pedagógica. In: MIRANDA, T. G.; GALVÃO FILHO, T. A. (Org.) *O professor e a educação inclusiva:* Formação, práticas e lugares. Salvador: EDUFBA. 2012. p.39-60.

DUARTE, M. Adaptação curricular: análise de dissertações e teses produzidas nos programas de pós-graduação (2000 – 2009). In: MENDES, E. G.; ALMEIDA, M. A. (Org.). *Dimensões pedagógicas nas Práticas de Inclusão Escolar.* Marília: ABPEE, 2012. p.481-490.

FERNANDES, E. M. Princípios metodológicos da disciplina prática pedagógica em educação inclusiva na formação de professores em cursos de licenciatura da UERJ. In: Mendes, E. G.; Almeida, M.A. A pesquisa sobre inclusão escolar em suas múltiplas dimensões: teoria, política e formação. Marília: ABPEE, 2012.

FIORINI, M. L. S.; MANZINI, E. J. Formação continuada do professor de Educação Física com foco na inclusão escolar. *Revista Educação*, v. 21, n. 1, p. 59-73, 2016.

FRENCH, N. K. *The Shifting Roles of School Professionals.* Corwin Press, 2002.

FRIEND, M; HURLEY-CHAMBERLAIN, D. Is co-teaching effective? CEC Today. Retrieved January 10. 2007.

GARVAR, A. G., PAPANIA, A. Team teaching: It works for the student. *Academic Therapy*, n.18, p.191–196, 1982.

HERNANDEZ, S. J. Collaboration in Special Education: Its History, Evolution, and Critical Factors Necessary for Successful Implementation. *US-China Education Review B*, v. 3, n. 6, p. 480-498, 2013.

IDOL, L.; NEWIN, A.; PAOLUCCI-WHITCOMB. *Collaborative consultation.* Austin: Pro-Ed, 2000. 345p.

KAMPWIRTH, T. J. *Collaborative consultation in the schools:* effective practices for students with learning and behavior problems. New Jersey: Pearson Education, 2003.

KEEFE, E. B.; MOORE, V.; DUFF, F. The four "knows" of collaborative teaching. *Teaching exceptional children*, p. 36-42, 2004.

LEHR, A. E. The administrative role in collaborative teaching. *NASSP Bulletin*, v. 83, n. 611, p. 105-111, 1999.

LOURENÇO, G. F. Avaliação de um programa de formação sobre recursos de alta tecnologia assistiva e escolarização. 2012. 258f. Tese (Doutorado) Programa de Pós-Graduação em Educação Especial. Universidade Federal de São Carlos, São Carlos, SP.

MAGALHÃES, R. C. B. P. Currículo em Educação Especial: Dimensões Técnicas e Políticas em Discussão. In: MENDES, E. G.; ALMEIDA, M. A. (Org.). *Dimensões Pedagógicas nas Práticas de Inclusão Escolar.* Marília: ABPEE, 2012. p. 491-507.

MALHEIRO, C. A. L. O Atendimento Educacional Especializado em sala de recursos multifuncionais em um município do interior paulista. 174f. 2013. (Mestrado em Educação Especial) Programa de Pós-Graduação em Educação Especial. Universidade Federal de São Carlos, São Carlos.

MENDES, E. G. Desafios atuais na formação do professor de Educação Especial. In: MEC/SEESP. Revista Integração. Brasília: MEC, 2002. p.12-17.

________; VILARONGA, C. A. R.; ZERBATO, A. P. *Ensino Colaborativo como apoio à inclusão escolar: Unindo esforços entre Educação Comum e Especial.* São Carlos: Edufscar, 2014. 160 p.

MILANESI, J. B. *Organização e funcionamento das salas de recursos multifuncionais em um município paulista.* 2012. 185f. Dissertação (Mestrado em

Educação Especial) Programa de Pós-Graduação em Educação Especial, Universidade federal de São Carlos, São Carlos, SP.

NELSON, L. L. *Design and deliver: planning and teaching using universal design for learning*. Paul. H. Brookes Publishing Co. 2013. 151p.

RABELO, L. C. C. *Ensino Colaborativo como estratégia de formação continuada de professores para favorecer a inclusão escolar.* 2012. 200f. Dissertação (Mestrado em Educação Especial). Programa de Pós-Graduação em Educação Especial, Universidade federal de São Carlos, São Carlos, SP.

REGANHAN, W. G. *Programa de alfabetização para alunos com Paralisia Cerebral.* 2016. 242f. (Tese de doutorado) Programa de Pós-Graduação em Educação, Universidade Estadual Paulista Júlio de Mesquita Filho, Marília, SP.

SILVA, R. S. *Possibilidades formativas da colaboração entre professores do ensino comum e especial em um município paraense.* 139f. 2018. (Dissertação de Mestrado) Programa de Pós-Graduação em Educação Especial. Universidade Federal de São Carlos, São Carlos, SP.

STAINBACK; S.; STAINBACK, W. *Inclusão:* um guia para educadores. Porto Alegre: Artmed, 1999.

TANNÚS-VALADÃO, G. *Inclusão Escolar e Planejamento Educacional Individualizado:* avaliação de um programa de formação continuada para educadores. 245f. 2014. Tese (Doutorado em Educação Especial). Programa de Pós-Graduação em Educação Especial, Universidade Federal de São Carlos, São Carlos, SP.

TENOR, A. C.; DELIBERATO, D. Sistematização de um Programa de Capacitação ao professor do aluno surdo. *Revista Brasileira de Educação Especial*, v. 21, n. 3, p. 409-422, 2015.

VAUGHN, S.; SCHUMM, J. S.; ARGUELLES, M. E. *The ABCDEs of co-teaching. Teaching Exceptional Children*, v. 30, n. 2, 1997.

VILARONGA, C. A. R. Colaboração da Educação Especial em Sala de Aula: Formação nas Práticas Pedagógicas do Coensino. 216f. 2014. Tese (Doutorado em Educação Especial) Programa de Pós-Graduação em Educação Especial, Universidade Federal de São Carlos, São Carlos, SP.

WALTHER-THOMAS, C.; KORINEK, L.; MCLAUGHLIN, V. L. Collaboration to support student´s success. *Focus on Exceptional Children*, v. 32, n.3, p. 1-18, 1999.

WILL, M. Educating children with learning problems: A shared responsibility. *Exceptional Children*, n. 52, p. 411–415, 1986.

WOOD, M. Whose Job is it Anyway? Educational roles in Inclusion. *Exceptional Children*, v. 64, n. 2, p. 181-195, 1998.

ZANATA, E. M. Práticas pedagógicas inclusivas para alunos surdos numa perspectiva colaborativa. 198f. 2004. Tese (Doutorado em Educação Especial) Programa de Pós-Graduação em Educação Especial, Universidade Federal de São Carlos, São Carlos, SP.

ZERBATO, A P. O papel do professor de Educação Especial na proposta do coensino. 138f. 2014. Dissertação (Mestrado em Educação Especial) Programa de Pós-Graduação em Educação Especial, Universidade federal de São Carlos, São Carlos, SP.

________. *Desenho universal para a aprendizagem na perspectiva da inclusão escolar*: potencialidades e limites de uma formação colaborativa. 297f. 2018. Tese (Doutorado em Educação Especial) Programa de Pós-Graduação em Educação Especial, Universidade Federal de São Carlos, São Carlos, SP.

________.; OLIVEIRA, S. P. S. O Atendimento Educacional Especializado no Instituto Federal Baiano: concepções iniciais da experiência no campus Uruçuca. In: Anais do 8º Congresso Brasileiro de Educação Especial, 2018, São Carlos. *Anais eletrônicos...* Campinas, Galoá, 2018. Disponível em: https://proceedings.science/cbee/cbee-2018/papers/oatendimento-educacional-especializado-no-instituto-federal-baiano--concepcoes-iniciais-daexperiencia-no-campus-urucuc Acesso em: 7 fev. 2019.